FÉDÉRATION NATIONALE

DES

Associations Professionnelles des Employés de l'Etat

DES DÉPARTEMENTS ET DES COMMUNES

SIÈGE SOCIAL :

25, Rue Serpente, Paris (VIᵉ arrondissement)

CONGRÈS

Tenu à Paris le 5 Novembre 1911

ANNEXES

BUREAU & COMMISSIONS
LISTE DES ASSOCIATIONS ADHÉRENTES
PROJET DE STATUT PERSONNEL — PROJET DE STATUT COLLECTIF
PROJET DE LOI SUR L'ARBITRAGE

FÉDÉRATION NATIONALE

DES

Associations Professionnelles des Employés de l'État

DES DÉPARTEMENTS ET DES COMMUNES

SIÈGE SOCIAL :

25, Rue Serpente, Paris (VIe arrondissement)

CONGRÈS

Tenu à Paris le 5 Novembre 1911

ANNEXES

BUREAU & COMMISSIONS
LISTE DES ASSOCIATIONS ADHÉRENTES
PROJET DE STATUT PERSONNEL — PROJET DE STATUT COLLECTIF
PROJET DE LOI SUR L'ARBITRAGE

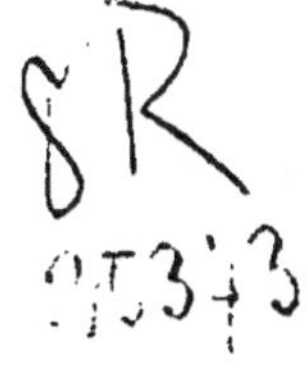

Liste des Associations adhérentes

Fédération des Amicales d'institutrices et d'instituteurs publics de France et des Colonies. Adhérents : 96.000.
Siège social : 32, rue de Vaugirard, Paris (6ᵉ arr.).
Délégué titulaire : Roussel.
Délégué suppléant : Madame Mauger.

Fédération des employés d'Octroi de France. Adhérents : 4.992.
Siège social : 25, rue Louis Braille, Paris (12ᵉ arr.).
Délégué titulaire : Deltour.
Délégué suppléant : Morel.

Association des agents de la Monnaie. Adhérents : 45.
Siège social : 11, quai Conti, Paris (6ᵉ).
Délégué titulaire : Fournier.
Délégué suppléant : Moureux.

Union générale des agents du service actif des Douanes de France et des Colonies. Adhérents : 13.544.
Siège social : 18, rue Lécluse, Paris (17ᵉ).
Délégué titulaire : Pétrissans.
Délégué suppléant : Sourribes.

Association générale des sous-agents des Postes et Télégraphes de France et des Colonies. Adhérents : 22.551.
Siège social : 24, rue Vieille-du-Temple, Paris (4ᵉ arr.).
Délégué titulaire : Burgard.
Délégué suppléant : Ruby.

Association générale des préposés des Manufactures et Magasins de l'Etat. Adhérents : 897.
Siège social : Manufacture des Tabacs, à Issy-les-Moulineaux (Seine).
Délégué titulaire : Quesne.
Délégué suppléant : Lelard.

Union générale des agents des Contributions indirectes. Adhérents : 8.945.
Siège social : 40, rue des Blancs-Manteaux, Paris (3ᵉ).
Délégué titulaire : Chaubet.
Délégué suppléant : Delmas.

Fédération des commis du personnel administratif de la Marine.
Adhérents : 900.
Siège social : 36, rue de la Fontaine, à Cherbourg (Manche).
Délégué titulaire : Gérard.
Délégué suppléant : Falaise.

Union générale des agents du Service Sédentaire des Douanes.
Adhérents : 1,450.
Siège social : 107, boulevard de la Magdeleine, Marseille (Bouches-du-Rhône).
Délégué titulaire : Lanquetin.
Délégué suppléant : Marguet.

Fédération nationale des professeurs-adjoints, répétiteurs et répétitrices des Lycées et Collèges. Adhérents : 920.
Siège social : 6, rue Flatters, Paris (5e arr.).
Délégué titulaire : Champion.
Délégué suppléant : Danger.

Union amicale et prévoyante des employés de l'Imprimerie nationale. Adhérents : 99.
Siège social : 87, rue Vieille-du-Temple, Paris (3e arr.).
Délégué titulaire : Coiplet.
Délégué suppléant : Pinck.

Association des conducteurs-adjoints, commis des Ponts et Chaussées, des Mines, de l'Hydraulique agricole des Colonies et assimilés. Adhérents : 1.600.
Siège social : 83, rue du Bac, Paris (7e arr.).
Délégué titulaire : Danglard.
Délégué suppléant : Rivière.

Association générale des agents du service de Surveillance de l'administration pénitentiaire. Adhérents : 1.850.
Siège social : 5, rue de la Pitié, Paris (5e arr.).
Délégué titulaire : Richet.
Délégué suppléant : Mariani.

Association professionnelle des employés de la Caisse des Dépôts et Consignations. Adhérents : 420.
Siège social : 25, rue Serpente, Paris (6e arr.).
Délégué titulaire : Laurent.
Délégué suppléant : Charuel.

Association amicale des Cours et Tribunaux civils de France et des Colonies. Adhérents : 360.
Siège social : 44, rue du Palais de Justice, à Bordeaux (Gironde).

Association professionnelle des Percepteurs de carrière (anciens surnuméraires): Adhérents : 550.
Siège social : 30, faubourg du Ménil, Sedan (Ardennes).
Délégué titulaire : Charasson.
Délégué suppléant : Yon.

Association professionnelle des chefs de travaux et préparateurs des Facultés de Sciences. Adhérents : 250.
Siège social : Faculté de Sciences, à Lyon (Rhône).
Délégué titulaire : Hemmerdinger.
Délégué suppléant : Marquis.

Association professionnelle des employés titulaires et stagiaires du service géographique de l'armée. Adhérents : 100.
Siège social : 140, rue de Grenelle, Paris (7e arr.).
Délégué titulaire : Dubéchot.
Délégué suppléant : Boutié.

Association professionnelle du personnel des établissements nationaux de bienfaisance. Adhérents : 150.
Siège social : Institution nationale des sourds-muets, 254. rue Saint-Jacques, Paris (5° arr.).
Délégué titulaire : Garrigou.

Fédération nationale des employés civils des services techniques et administratifs des établissements et services militaires du ministère de la Guerre. Adhérents : 1.812.
Siège social : Mairie de Puteaux (Seine).
Délégué titulaire : Guimbard.
Délégué suppléant : Rouget.

Association amicale du personnel des écoles publiques d'enseignement technique de France et des Colonies. Adhérents : 700.
Siège social : Ecole Boulle, 57, rue de Reuilly, Paris (12e arr.).
Délégué titulaire : Larochette.
Délégué suppléant : Mlle Adam.

Association amicale des Secrétaires et commis français et indigènes des communes mixtes d'Algérie. Adhérents : 269.
Siège social : M'Sila (Constantine).
Délégué titulaire : Bianchi.

Association professionnelle du personnel civil du service hydrographique de la Marine. Adhérents : 40.
Siège social : 13, rue de l'Université, Paris (7e arr.).
Délégué titulaire : Normand.
Délégué suppléant : Buteux.

Association générale du personnel de Service de la Préfecture de la Seine et de la Ville de Paris. Adhérents : 480.
Siège social : 2, rue Lobau, Paris (4e arr.).
Délégué titulaire : Duboille.
Délégué suppléant : Prunier.

Syndicat national des employés de Perception. Adhérents : 900.
Siège social : Marcilly-les-Buxy (Saône-et-Loire).
Délégué titulaire : Bernard.
Délégué suppléant : Poupet.

Association fraternelle des officiers des Douanes de France et des Colonies. Adhérents : 357.
Siège social : 47, rue de Paris, à Lille (Nord).
Délégué titulaire : Tajan.

Association amicale des fonctionnaires des Écoles Primaires Supérieures de France. Adhérents : 1.566.
Siège social : Albi (Tarn).
Délégué titulaire : N.
Délégué suppléant : N.

Fédération des Associations professionnelles des Ministères et Administrations de l'Etat. Adhérents : 2.000.
Siège social : 7, rue de Nesles, Paris (6e arr.).
Délégué titulaire : Rossignol.
Délégué suppléant : Humblot.

BUREAU

Secrétaire : LAURENT (Caisse des Dépôts et Consignations).
Secrétaire-adjoint : FOURNIER (Monnaie).
Trésorier : DANGLARD (Commis des Ponts-et-Chaussées).

COMMISSION EXÉCUTIVE :

CHAMPION (Professeurs-adjoints des Lycées).
LANQUETIN (Service sédentaire des Douanes).
ROUSSEL (Instituteurs).
FALAISE (Commis de la Marine).
DUBOILLE (Personnel secondaire de la Préfecture de la Seine).
SOURRIBES (Service actif des Douanes).

COMMISSION DE CONTROLE :

QUESNE (Préposés des Manufactures de l'Etat).
BERNARD (Employés de perception).
NORMAND (Service hydrographique de la Marine).

Congrès du 5 novembre 1911

SÉANCE DU MATIN

La séance est ouverte à 9 heures 35.

190 délégués régulièrement mandatés sont présents.

Le Bureau est constitué de la façon suivante :

Président : ROUSSEL, Fédération des Amicales d'Instituteurs et d'Institutrices ;

Assesseurs : PETRISSANS, Union Générale des Agents du Service actif des Douanes ;

CHAMARD, Association Générale des Agents du Service Pénitentiaire ;

Secrétaire : LAROCHETTE, Association Amicale du Personnel des Ecoles Publiques d'enseignement technique.

Allocution du Président

Camarades,

Je vous remercie pour l'honneur que vous faites à la Fédération des Amicales d'Instituteurs et d'Institutrices, en désignant son représentant, pour présider la séance d'ouverture de ce Congrès.

Je vous remercie d'avoir accepté de représenter ici vos associations respectives, marquant ainsi le grand désir que nous avons tous d'entente et d'action commune. Cette affirmation d'opinion me paraît plus nécessaire que jamais. Il semble, en effet, qu'un mauvais vent veuille souffler sur les fonctionnaires ; mais nous l'attendons avec calme et tranquillité, parce que nous ne sommes pas isolés et qu'au contraire du roseau de la fable : « le moindre vent, qui d'aventure, fait rider la surface de l'eau », ne saurait nous faire courber la tête. (Applaudissements).

Certes, nous sommes profondément attachés à la fonction que la collectivité nous a confiée ; nous nous efforçons de notre mieux de remplir convenablement notre tâche, et notre plus vive ambition est de collaborer, avec nos représentants, à l'organisation, à la gestion des services publics, afin d'en assurer la bonne marche. (Très bien, très bien). Mais si nous n'ignorons rien de nos devoirs, nous ne voulons pas qu'on ignore nos droits ; nous ne pouvons pas accepter qu'on nous conteste notre liberté d'opinion et notre liberté corporative. Aussi, laissons là les vains discours ; mettons-nous résolument à l'ouvrage pour rechercher en commun les meilleurs moyens de propagande et d'action. (Applaudissements).

Vous avez sous les yeux l'ordre du jour de nos travaux. Pour la bonne tenue du Congrès, nous suivrons rigoureusement cet ordre du jour. Cependant, il est possible que parmi vous, il y ait quelques camarades qui veulent que nous examinions des questions qui ne figurent pas à cet ordre du jour ; je les prierai de nous les faire connaître immédiatement ; nous pourrons ensuite nommer une Commission de trois ou quatre membres qui examinera ces questions et nous apportera ce soir des résolutions sur lesquelles nous nous prononcerons. Est-ce qu'il y a quelques camarades dans la salle qui veulent que nous examinions quelques points particuliers en dehors de ceux qui figurent à l'ordre du jour ?

GLAY (Instituteurs) dépose un ordre du jour de protestation contre les atteintes portées par le Gouvernement à la liberté civique des fonctionnaires.

ROQUES (Contributions Indirectes), dépose un ordre du jour tendant à faire préciser par le Congrès quelle devra être l'action à entreprendre dans l'avenir par le Conseil fédéral.

Ces ordres du jour sont renvoyés à une Commission composée de Glay (Instituteurs), Hemmerdinger (Chef de Travaux des Facultés de Sciences) et Coudert (Contributions Indirectes).

LAURENT, Secrétaire de la Fédération (Caisse des Dépôts) donne lecture au Congrès d'une lettre du Dr Savary, président de l'Association des Fonctionnaires de l'Inspection des enfants assistés. Le Dr Savary s'excuse de ne pouvoir assister au Congrès, la peine disciplinaire annoncée publiquement par le Gouvernement comme devant être prise contre lui, ne lui étant pas encore notifiée.

Le Congrès décide de soumettre à l'examen de la Commission qui vient d'être nommée, le cas du docteur Savary.

Le Secrétaire fait connaître ensuite que la Fédération Nationale a été saisie par la Fédération des Fonctionnaires des Basses-Pyrénées du cas de Bassagaïtz, secrétaire du groupe des Agents du Service Actif des Douanes de Bayonne, qui a été frappé d'une peine disciplinaire pour avoir transmis un ordre du jour de son groupe à la presse.

Le Congrès renvoie également à l'examen de la Commission le cas de Bassagaïtz.

Compte-Rendu moral

Camarades,

Dans un mois, notre Fédération commencera sa 3ᵉ année d'existence. Il est donc particulièrement intéressant de jeter un coup d'œil en arrière et d'examiner si sa vitalité et son action ont répondu aux espoirs que nous avions formés en la créant.

Tout d'abord, nous pouvons constater l'accroissement continu du nombre des Associations adhérentes. Au lendemain de sa constitution, en décembre 1909, la Fédération comptait 19 groupements. En février 1910, lors de l'Assemblée générale des Conseils d'administration, tenue au Musée social, le nombre des associations était de 21. Depuis cette époque, sept nouvelles associations sont venues grossir nos rangs et nous apporter l'appoint de leur activité. Ce sont :

L'Association amicale du Personnel des Ecoles d'enseignement technique ;

L'Association amicale du Personnel des Ecoles pratiques d'agriculture ;

L'Association des Secrétaires et Commis des communes mixtes d'Algérie ;

L'Association professionnelle des Employés du Service hydrographique de la Marine ;

L'Association générale du Personnel de service de la Préfecture de la Seine ;

Le Syndicat national des Employés de perception ;

L'Association fraternelle des Officiers de Douane.

Par contre, nous pouvons rayer du nombre des associations adhérentes : l'Association professionnelle des Géomètres du cadastre, celle-ci étant en voie de disparition par suite de la nomination des derniers géomètres à des emplois de percepteurs.

La Fédération compte donc, à ce jour, 27 associations adhérentes, représentant environ 170.000 fonctionnaires.

C'est là, Camarades, une force relativement imposante qui, tout permet de le prévoir, ne pourra que s'accroître.

En effet, 15 associations se sont mises en relations avec le Siège social. Un certain nombre d'entre elles ont émis, dans leur congrès, un avis de principe favorable à l'adhésion ; d'autres ont subordonné leur adhésion aux résultats d'un référendum organisé parmi leurs membres. En définitive, la question de l'adhésion à la Fédération s'est posée dans la grande majorité des associations non adhérentes. Nous pouvons, semble-t-il, envisager de ce côté l'avenir avec confiance, surtout si nous considérons qu'aucune sollicitation n'a été adressée aux groupements non rattachés à la Fédération, le Conseil fédéral désirant conserver toute sa liberté pour statuer sur les demandes d'adhésion.

Ces constatations faites, il convient. Camarades, d'examiner rapidement les principaux actes du Conseil depuis notre Assemblée générale de février 1910.

D'abord, je dois vous rappeler que, depuis cette époque, notre Fédération a loué un appartement pour y installer ses services. Depuis plus d'un an, nous possédons, au 25 de la rue Serpente, notre Siège social. Un grand nombre de documents, intéressant toutes les catégories de fonctionnaires, y ont été réunis, et ainsi se trouve créé un centre de renseignements qui, pour modeste qu'il soit encore, peut, néanmoins, rendre d'utiles services à tous les fonctionnaires.

Les autres actes de la Fédération peuvent, semble-t-il, se subdiviser en deux parties : d'une part, les démarches auprès des membres du Parlement; d'autre part. les manifestations par lesquelles notre Fédération a apporté son appui moral à des groupements ou à des fonctionnaires victimes de l'arbitraire.

Dans la première catégorie. nous pouvons ranger l'action auprès des candidats au Parlement. lors des élections de 1910, les démarches faites au sujet de l'article 85 de la loi de finances de 1910. et, enfin, la protestation élevée d'accord avec la Ligue des Droits de l'Homme contre des actes de favoritisme.

Tentée un peu tardivement — la constitution de la Fédération était trop récente pour qu'il en fût autrement — l'action de mai 1910 auprès des candidats n'a pas eu toute l'ampleur que nous aurions pu espérer. Cependant, malgré le court délai dont ils disposaient, les fonctionnaires de quelques départements se sont réunis et ont soumis aux candidats les trois questions posées par le Conseil fédéral : Statut personnel, Droit de fédération, Droit syndical.

De ce mouvement, ont subsisté 7 groupements départementaux, et l'activité de certains d'entre eux nous a démontré l'aide puissante que les fonctionnaires. étroitement groupés par département, pourraient apporter à l'action fédérale.

Les démarches tentées au sujet de l'article 85 de la loi de finances de 1910 ont été couronnés de succès. Comme vous le savez, cet article avait pour but, sous réserve du versement de retenues rétroactives, de faire entrer en ligne de compte, pour la liquidation de la pension de retraite, le temps de surnumérariat ou de stage. Rédigé d'une façon insuffisante, il ne donnait aux fonctionnaires, pour effectuer le versement des retenues, qu'un délai trop court qui pouvait avoir pour résultat d'empêcher les catégories les moins favorisées. au point de vue du traitement, de bénéficier de ses dispositions. Sur la demande de l'Union Générale des Agents du Service sédentaire des Douanes, le Conseil fédéral adressa, aux divers ministres des Finances qui se succédèrent, plusieurs requêtes et demandes d'audiences qui restèrent d'ailleurs sans réponse... Cependant, en février dernier, le ministre des Finances. M. Klotz, signa une nouvelle circulaire nous donnant satisfaction en ce qui concerne les surnuméraires et les stagiaires nommés depuis la loi de finances de 1910. Une intervention législative restait donc nécessaire pour obtenir un délai plus étendu en faveur des fonctionnaires titulaires lors de la promulgation de la loi. Votre Conseil fédéral s'efforça d'agir par la voie parlementaire. Ne pouvant aboutir auprès de la Chambre des Députés, il se retourna vers le Sénat. Nous trouvâmes en M. Flaissières un défenseur très bienveillant et, grâce à ses efforts, l'article 75 de la loi de finances de 1911 est venu apporter les modifications désirées au texte trop rigoureux de l'article 85. Je vous demande, à ce propos, de vous joindre au Conseil fédéral pour adresser à M. Flaissières tous nos remerciements. *(Applaudissements.)*

Camarades, nous le savons, la question de l'article 85 ne se trouve pas entièrement liquidée de ce fait. Le Conseil fédéral n'oublie pas que cet article n'envisage que la période de stage ou de surnumérariat, laissant ainsi de côté le temps passé à titre auxiliaire.

A ce sujet, je tiens à vous signaler qu'après notre échec auprès de la Chambre, les délégués ont unanimement pensé qu'il valait mieux laisser de côté momentanément cet aspect de la question pour essayer d'obtenir un résultat. Il nous restera donc à faire les démarches nécessaires pour que la loi de finances de 1912 permette de faire entrer également en ligne de compte le temps passé comme auxiliaire.

Profitant de l'émotion produite dans l'opinion publique par la campagne de l'Union Générale des Contributions indirectes contre la nomination d'un attaché de cabinet à un poste d'entreposeur de tabacs, votre Conseil fédéral a cru utile, d'accord avec la Ligue des Droits de l'Homme, de saisir individuellement chaque parlementaire d'une protestation énergique contre les faits de cette nature. Cette protestation a, semble-t-il, largement contribué à faire voter par les Chambres les articles 164 et 165 de la loi de finances, qui s'appliquent aux personnels des cabinets de ministres. Certes, nous ne nous le dissimulons pas, ces articles sont insuffisants, mais nous saurons profiter de toutes les circonstances qui se présenteront pour demander leur mise au point de façon à éviter le retour des nominations scandaleuses de ces dernières années.

En dehors de cette action d'intérêt général, votre Conseil fédéral n'a pas voulu laisser échapper aucune occasion d'apporter aux associations ou aux fonctionnaires injustement attaqués, le témoignage de sa solidarité. C'est ainsi qu'il a joint sa protestation à celle de l'Union Générale des Agents du Service sédentaire des Douanes, contre les propos déplacés tenus par M. Dartiguenave, chef du cabinet d'un sous-secrétaire d'Etat aux Finances, lors de la réception d'une délégation de cette association. Les réclamations unanimes des associations, à ce propos, ont d'ailleurs eu pour résultat d'amener le sous-secrétaire d'Etat à désavouer son chef de cabinet.

Votre Conseil fédéral a, en outre, à diverses reprises, fait insérer dans toute la presse des ordres du jour de protestation. Ils se rapportaient à une nomination anti-règlementaire qui devait être faite à l'Imprimerie nationale, au prélèvement injustifié que certains avaient projeté d'effectuer sur nos traitements en vue de doter de ressources l'Institution essentiellement privée des Orphelinats des Serviteurs de l'Etat, et, enfin, au cas de notre camarade Man, instituteur à Bayonne.

Pour cette dernière affaire, qui démontre combien les fonctionnaires de province peuvent être victimes de la haine des politiciens locaux, l'action de notre Fédération ne s'est pas bornée à un ordre du jour.

Poursuivi par la haine de certains hommes politiques, en raison de son action socialiste, notre camarade Man fut traduit en police correctionnelle pour de soi-disant violences contre les enfants confiés à sa garde. Condamné avec sursis, il fut menacé d'un déplacement d'office.

D'accord avec la Fédération des Amicales et avec le Groupe local de fonctionnaires, le Conseil fédéral éleva sa protestation.

Un meeting fut organisé à Bayonne, et notre Fédération demanda à deux députés, anciens instituteurs, d'aller stigmatiser sur place les machinations dont avait été victime notre camarade. En présence de cette attitude des groupements de fonctionnaires, Man ne fut pas déplacé. Nous pouvons donc constater, à ce propos, que la garantie contre les déplacements d'office injustifiés, qui ne se trouve pas dans les textes règlementaires, s'est trouvée assurée dans la circonstance par la protestation véhémente des fonctionnaires de toutes les catégories légitimement indignés.

Camarades, il me reste à esquisser à grands traits notre programme futur.

Tout d'abord, il me faut signaler qu'il ne paraît pas utile à votre Conseil fédéral de faire des démarches pour hâter l'inscription du Statut des fonctionnaires à l'ordre du jour des travaux du Parlement.

La Fédération se bornera donc, pour le moment, à essayer de faire étendre les avantages de l'article 85 de la loi de 1910 au temps passé à titre d'auxiliaire ou d'agent temporaire, et aussi à obtenir la communication des feuilles signalétiques aux fonctionnaires civils, comme cela existe depuis 1905 pour les fonctionnaires militaires.

D'autre part, en plus des questions qui sont actuellement à l'étude, c'est-à-dire celles du relèvement des petits traitements et de l'application du repos hebdomadaire à toutes les catégories de fonctionnaires, votre Conseil fédéral devra se préoccuper des modifications à apporter à la loi de 1853 sur les retraites. Il semble, en effet, que si la loi de finances de 1912 apporte au monde ouvrier les améliorations nécessaires à la loi sur les retraites ouvrières, le moment sera venu, pour les fonctionnaires, de réclamer à leur tour un régime de retraites plus rationnel.

Si, en dehors de ces questions, vous nous donnez mandat, comme nous l'espérons, de travailler à l'organisation des groupements départementaux de fonctionnaires et à la création d'un journal intercorporatif, vous estimerez sans doute que le Conseil fédéral aura ainsi une tâche suffisante.

En résumé, Camarades, notre Fédération s'est fortifiée au cours de ces deux années et elle a démontré, à tous les fonctionnaires, les avantages qu'ils pouvaient attendre d'un semblable groupement. Forte de l'expérience acquise, en alliant comme par le passé la prudence à l'esprit de décision, nous pouvons espérer que notre Fédération ne faillira pas au but qu'elle s'est proposé, c'est-à-dire d'apporter aux fonctionnaires plus de bien-être et de liberté, et de détruire, dans la sphère administrative, les rouages et les méthodes légués par les régimes déchus.

Roques (Contributions Indirectes) formule de vives critiques contre la gestion et l'action de la Fédération. Il désapprouve complètement « la tactique toute passive du Bureau de la Fédération », dont les membres « ne possèdent pas les qualités essentielles » que doivent posséder les dirigeants d'une association.

Il blâme notamment le Secrétaire :

1° — De n'avoir pas protesté immédiatement contre « les paroles inqualifiables » prononcées par M. Dartiguenave à une délégation du Service sédentaire des Douanes ;

2° — D'avoir, de sa propre autorité, envoyé une lettre à M. Renoult pour dégager sa responsabilité et celle de la Fédération au sujet d'une note parue dans le *Matin*, annonçant que le Sous-Secrétaire d'Etat aux Finances accordait une audience au bureau de la Fédération ;

3° — D'avoir fait prendre la décision de défendre aux délégués de faire connaître aux journaux ce qui se passait au sein de la Fédération ;

4° — D'avoir, sans être mandaté, demandé une audience à M. Maginot, rapporteur à la Chambre des Députés du projet de statut, alors que la Fédération n'avait pas encore arrêté les termes d'un texte précis :

5° — D'avoir voulu adresser des félicitations à M. Monis, président du Conseil des ministres, et d'avoir projeté une visite à M. Messimy, ministre des Colonies.

Tandis que le bureau prenait ces initiatives malheureuses, il restait insensible, déclare Roques, aux nominations scandaleuses faites au lendemain de la chute du ministère Briand. Il a fallu l'intervention des employés d'octroi pour faire voter un ordre du jour de protestation, et son intervention personnelle pour faire ouvrir une souscription dans le but d'engager une campagne de concert avec la Ligue des Droits de l'Homme. Roques se demande quelle destination fut donnée à la somme souscrite.

On a également laissé porter atteinte aux libertés communes à tous les fonctionnaires sans protester. Rien n'a été fait lorsqu'on a contesté la liberté d'opinion aux fonctionnaires.

Roques conclut ainsi : « On pourrait croire que la Fédération est la maison du silence. Des fautes ont été commises, dont la responsabilité incombe plus spécialement aux membres du Bureau, qui n'ont pas pris les initiatives susceptibles de donner une certaine vigueur à la Fédération. »

Hemmerdinger (Chefs de travaux des Facultés), au nom de la majorité du Conseil fédéral, déclare se solidariser avec le bureau. Il ajoute que l'ordre du jour du Congrès et les propositions qui vont être discutées montrent clairement que la Fédération n'est pas restée inactive.

Marchal (Gardiens de la Préfecture de la Seine) répond qu'il faut exclure la solidarité de la Préfecture de la Seine.

Métayer (Service actif des Douanes) se solidarise d'une façon complète avec les camarades des Contributions indirectes. La Fédération n'a pas fait ce qu'on attendait d'elle, elle est restée inerte. Il proteste, en outre, contre les déclarations du Président du Congrès, qui conseille d'attendre avec tranquillité ce que réserve l'avenir.

Roussel (Président) réplique qu'on lui fait dire ce qu'il n'a pas dit. Métayer s'est mépris sur le sens de ces paroles : « Nous pouvons attendre avec tranquillité. » Ces mots ne signifient nullement que nous restons impassibles, mais au contraire que, le cas échéant, nous saurions nous défendre.

Laurent (Secrétaire), en prenant la parole, s'étonne que les critiques qui viennent d'être formulées n'aient pas été produites au sein du Conseil fédéral. Les camarades des Contributions indirectes et du Service actif des Douanes n'ont pas été parmi les plus assidus aux réunions du Conseil fédéral, et l'on pourrait leur reprocher de ne pas s'être employés à secouer la torpeur de la Fédération, puisqu'ils se plaignent de son apathie. Quant au reproche qu'on lui fait d'avoir posé sa candidature à un poste de combat, il n'est pas mérité. Lorsque le *Comité d'études* se transforma en *Fédération*, on conserva le secrétaire et le trésorier de l'ancien bureau.

Les réponses aux critiques formulées par Roques peuvent se résumer ainsi :

1. Au moment de l'affaire Dartiguenave, une grave maladie l'a tenu pendant plus de trois mois éloigné de l'action corporative. La convocation de M. Renoult trouva Laurent au lit. Il n'hésita pas cependant à quitter Clamart fort tard dans la soirée pour venir en aviser le Conseil fédéral à 11 heures du soir. C'est au lendemain de cette réunion que parut l'entrefilet

du journal *le Matin*, qui fut apparemment la cause déterminante du changement d'attitude de M. Renoult.

2. C'est en effet deux jours après que Laurent reçut une nouvelle .lettre du Secrétaire particulier du Sous-Secrétaire d'Etat aux Finances, le priant de considérer comme nulle et non avenue la convocation qui lui avait été adressée, ajoutait-il, « à titre personnel ». Comme cette communication avait bien été adressée au « Secrétaire de la Fédération », Laurent crut de son devoir de répondre, afin de dégager la responsabilité de notre organisation, que la note parue dans *le Matin* n'émanait pas de la Fédération.

3. La décision défendant aux délégués de faire connaître aux journaux ce qui se passe au sein de la Fédération fut prise sur l'initiative du camarade Champion.

4. A propos de la démarche auprès de M. Maginot, le camarade Roques est en contradiction avec lui-même. En effet, après avoir véhémentement reproché au Bureau son inertie, il le blâme maintenant d'avoir pris une initiative. Au surplus, le bureau n'avait pas agi sans mandat, puisqu'il avait préalablement consulté la Commission exécutive.

5. Le camarade Roques s'est également mépris sur l'objet de la visite que le Bureau avait projeté de faire à M. Monis. Il ne s'agissait nullement d'adresser des félicitations banales au Président du Conseil, mais bien de transmettre au Ministre de l'Intérieur le cahier des revendications des camarades des communes mixtes d'Algérie.

Quant à la visite à M. Messimy, il n'en fut jamais question.

Enfin, en ce qui concerne la campagne contre le favoritisme. Laurent donne lecture du procès-verbal de la séance au cours de laquelle le Conseil Fédéral a adopté les mesures prises d'accord avec la ligue des Droits de l'Homme. Il constate en terminant que Roques assistait à cette séance, et qu'il n'a élevé aucune protestation.

MÉTAYER (Service actif des Douanes) déclare que si les délégués du service actif des Douanes ne sont pas plus assidus, c'est qu'ils sont souvent empêchés d'assister aux réunions par leur travail professionnel. Cependant quand ils prenaient part aux travaux du Conseil Fédéral, ils se retiraient toujours avec la pénible impression que la Fédération sommeillait paisiblement.

ROQUES (Contributions Indirectes) fait remarquer que la réponse de Laurent lui donne complète satisfaction. Ce dernier se méprend s'il croit qu'on lui reproche à la fois d'avoir pris des initiatives et de n'en avoir pas pris. On ne lui reproche pas celles qui peuvent donner une certaine impulsion à la Fédération, mais celles qui pouvaient la discréditer.

LAVIGNON (Octrois) déclare que l'initiative du bureau ne consiste pas à aller faire des démarches sans être mandaté, mais simplement à réunir extraordinairement le Conseil Fédéral lorsqu'il y a urgence.

Le Conseil fait preuve d'inertie lorsqu'il laisse porter atteinte aux droits sacrés des fonctionnaires.

LAURENT (Secrétaire) réplique que Lavignon ne paraît pas se souvenir de la façon dont est composé le Conseil Fédéral ; le Conseil comprend un délégué titulaire et un suppléant pour chaque Association. S'il est inerte, c'est parce que les Associations n'ont pas donné à leurs délégués l'impulsion nécessaire. Il reproche à nouveau à certains délégués de n'avoir pas présenté leurs observations au Conseil Fédéral.

ROQUES (Contributions Indirectes) fait remarquer, qu'en ce qui le concerne, il a toujours fait entendre ses protestations au Conseil.

DANGLARD (Commis des Ponts et Chaussées) conjure le Congrès de ne pas perdre son temps à des discussions intestines et de passer à des travaux plus sérieux.

PINAULT (Professeurs adjoints) s'étonne qu'un délégué ait pu déclarer que « si la Fédération n'est pas active, nous nous retirons ». C'est avoir une piètre idée du rôle de nos Associations que de tenir un pareil langage.

ROQUES (Contributions Indirectes) réplique que si la Fédération continue à s'endormir sur ses lauriers, c'est la dissolution à brève échéance.

La discussion est close.

ROUSSEL (Président) déclare que tous les congressistes sont d'accord sur un point. Ils veulent que la Fédération soit un instrument de combat, à l'aide duquel ils entendent revendiquer énergiquement leurs droits et protester contre les atteintes portées à leurs libertés. Sans doute, au début, il y a eu du flottement dans tous les groupements. Il ne faut blâmer personne, mais affirmer notre désir toujours plus grand d'être combatifs et donner un mandat précis, en ce sens, aux délégués du Conseil fédéral. Il ajoute qu'on ne doit pas attendre le jour du Congrès pour se plaindre.

Le Président propose ensuite de mettre aux voix l'approbation du compte rendu moral avec l'amendement suivant :

« Le Congrès affirme de plus en plus son grand désir de voir la Fédération des fonctionnaires devenir un instrument de combat et de résistance. »

L'ordre du jour pur et simple étant demandé, il est mis aux voix. Le vote par mandats donne le résultat suivant :

Pour l'ordre du jour pur et simple......   45 voix
Contre   —   —   ...... 140 —
Abstentions.................................   5 —

	Pour	Contre	Abstentions
Fédération des Amicales d'Instituteurs		20	
Fédération des Employés d'Octrois...............	10		
Agents de la Monnaie............................		5	

	Pour	Contre	Abstentions
Union du Service actif des Douanes.............	15		
Association des Sous-Agents des Postes........		20	
Association des Préposés des Manufactures de l'État...............................		5	
Union des Agents des Contributions indirectes..	15		
Fédération des Commis de la Marine		5	
Union des Agents du Service sédentaire des Douanes...............................		10	
Fédération des Professeurs adjoints et répétiteurs		5	
Association des Commis des Ponts et Chaussées.		10	
Association des Agents du Service pénitentiaire.		10	
Association des Employés de la Caisse des Dépôts		5	
Association des Percepteurs de carrière........		5	
Association des Chefs de travaux et Préparateurs des Facultés de Sciences..................		5	
Association des Employés du Service géographique de l'Armée		5	
Fédération des Employés des Établissements de la Guerre.............................		10	
Association du Personnel des Écoles d'Enseignement technique.......................		5	
Association des Commis des Communes mixtes d'Algérie.............................			5
Association des Employés du Service hydrographique de la Marine......................		5	
Association du Personnel de service de la Préfecture de la Seine......................	5		
Syndicat national des Employés de Perception..		5	
Association des Officiers de Douane		5	

L'ordre du jour pur et simple étant repoussé, le Président met aux voix la motion suivante :

« Le Congrès approuve le compte rendu du Bureau fédéral et affirme sa volonté de donner à la Fédération des fonctionnaires une action plus énergique de combat et de résistance. »

L'approbation du compte rendu obtient 140 voix contre 45 (soit 131.342 adhérents contre 26.958), l'amendement réunit l'unanimité des suffrages.

Compte rendu financier

DANGLARD, Trésorier *(Commis des Ponts et Chaussées)*

Messieurs, chers Camarades,

Je m'excuse par avance du caractère quelque peu fastidieux du rapport que je suis chargé de vous présenter. Aussi, serai-je aussi bref que possible.

L'encaisse, au 6 février 1910, s'élevait à...............	742 fr. 50
La Commission de contrôle a arrêté, le 5 janvier 1911, le compte « recettes » à......................	1.970 fr. 75
Soit ensemble.................	2.713 fr. 25
Et celui de « dépenses » à	2.408 fr. 40
Le reliquat, à cette date, soit donc de..............	304 fr. 85

La Commission de contrôle, réunie de nouveau le 30 octobre dernier, a arrêté le compte « Recettes », y compris le reliquat du 5 janvier, à .... 3.587 fr. 40

Et le compte « Dépenses » à .... 1.833 fr. 05

L'excédent des recettes sur les dépenses ressort ainsi
   à la somme de .... 1.754 fr. 35

dont 1.553 fr. 50 sont déposés à la Société Générale.

Pour la période considérée, les recettes comprennent, en outre des cotisations :

Le montant de la souscription ouverte pour la campagne
   contre le favoritisme, soit .... 220 fr.
Et le montant d'indemnités payées par quelques Associations
   pour occupation du Siège social, soit .... 105 fr.

Il restait à percevoir le 3o octobre, au titre de cotisations afférentes à l'exercice 1911, une somme de 562 fr. 5o ; à ce jour, il ne reste plus à percevoir que 225 fr.

Je crois devoir vous rappeler qu'à la suite du vote de principe émis par la dernière Assemblée générale, le Conseil fédéral a lui-même voté, dans les formes prévues par l'art. 11 des Statuts, l'augmentation de 50 % du taux de la cotisation des Associations fédérées ; cette décision a été rendue exécutoire à dater du 1er janvier 1911.

D'autre part, les dépenses se répartissent de la manière suivante :

(J'ai cru devoir établir, à cet égard, une situation distincte pour les deux exercices 1910 et 1911.)

	PÉRIODE du 6 Fév. 1910 au 5 Janvier 1911		PÉRIODE du 5 Janvier au 30 Oct. 1911	
Occupation du Siège social du Cercle des Fonctionnaires	100 fr.	»»		
Loyer, contributions, entretien, éclairage et chauffage du Siège social...	238	75	819 fr.	95
Mobilier, installations...	1.123	65	5	20
Impression, reproductions rapides, copies, achat de documents et abonnements...	450	10	122	50
Fournitures de bureau...	58	70	60	35
Correspondance...	157	20	111	40
Permanence...	120	»»	240	»»
Frais de Secrétariat...	84	»»	259	35
Remboursement de frais de transport et de délégation...	23	75	93	05
Pourboires, étrennes...	24	05	27	80
Versement à la Ligue des Droits de l'Homme...			93	45
Remboursement de partie de cotisation	28	20		
Totaux...	2.408 fr.	40	1.833 fr.	05

L'examen de ce tableau appelle quelques réflexions que je me permets de vous signaler.

C'est à la date du 1ᵉʳ juillet 1910 que le Conseil fédéral est entré en possession du local qu'il occupe ; l'installation de celui-ci, quoique modeste, répond parfaitement aux nécessités actuelles et est suffisamment confortable ; elle n'a eu d'autre inconvénient que de grever assez lourdement le budget de l'exercice 1910.

Le Conseil fédéral avait pensé qu'il y avait lieu d'établir, au siège social, une permanence assurée par un agent rétribué ; cette organisation un peu onéreuse n'ayant, d'ailleurs, pas donné les résultats attendus, il a été décidé d'allouer une somme fixe au Secrétariat, chargé, dès lors, d'assurer le fonctionnement normal du Siège social ; ce nouveau système, inauguré le 1ᵉʳ mai dernier, a donné toute satisfaction.

La situation financière n'a pas permis de faire, au point de vue propagande, tout l'effort nécessaire. Le Conseil fédéral s'est, il est vrai, fait représenter, par l'un de ses membres, délégué à cet effet, aux divers congrès ou réunions d'associations auxquels il avait été convié et qui se sont tenus à Paris.

Il a tenu à envoyer à Nantes le camarade Fournier, secrétaire-adjoint, pour représenter la Fédération à l'important Congrès des Amicales d'Instituteurs et d'Institutrices, qui s'est tenu au mois d'août dernier.

Mais il n'a pu, à cet égard, donner satisfaction à plusieurs demandes, qui nécessitaient des déplacements en Province.

Il serait cependant souhaitable que les déplacements de cette nature pussent devenir plus fréquents. Le Conseil fédéral fera tout le possible dans l'avenir, mais son action sera forcément limitée par suite du défaut d'élasticité du budget dont il dispose.

Loin de moi, d'ailleurs, la pensée de solliciter un nouveau relèvement du taux de la cotisation, car nous n'ignorons pas que, pour la plupart des Associations fédérées, l'effort financier consenti ne peut être dépassé.

La cause initiale de cette fâcheuse situation réside dans ce fait qu'en général le taux des cotisations des Membres des Associations professionnelles de fonctionnaires est notablement trop faible. Peu nombreuses, en effet, sont celles dont la cotisation dépasse 12 francs par an ; elle varie entre ce chiffre et 5 ou 6 francs et même moins, alors que certains Syndicats ouvriers, tel celui des Imprimeurs, par exemple, prélèvent sur leurs Membres une cotisation annuelle s'élevant à 36 francs. La comparaison n'est pas à l'avantage des fonctionnaires, il faut bien le reconnaître.

Il vous appartient, à vous les militants, de profiter de toutes les occasions favorables pour changer, à ce sujet, une mentalité qui permet une telle constatation.

La question présente évidemment quelques difficultés, mais

elles ne nous paraissent pas insurmontables, et le Conseil fédéral vous engage à orienter votre action dans cette voie, pour le plus grand bien de la collectivité.

Rapport de la Commission de Contrôle

FALAISE, Rapporteur *(Fédération des Commis de la Marine)*

Mes chers Camarades,

Votre Commission de contrôle s'est réunie le 3o octobre 1911, à 8 heures du soir, en vue de procéder à l'examen des comptes du Trésorier et d'établir la Situation financière de la Fédération.

L'examen des recettes a fait ressortir que diverses Associations n'avaient pas acquitté le montant de leurs cotisations, malgré une réclamation du Trésorier. Le montant des sommes dues s'élève à 562 fr. 5o (Cinq cent soixante-deux francs, cinquante centimes).

Toutes les dépenses à la charge de la Fédération sont dûment appuyées des pièces justificatives correspondantes.

La situation financière, à la date du 3o octobre 1911, s'établit comme suit :

Recettes de l'année, y compris le reliquat au dernier règlement de compte (5 janvier 1911).............. 3.587 fr. 40
Dépenses.. 1.833 fr. 05

Reste en caisse.............. 1.754 fr. 35

(Mille sept cent cinquante-quatre francs, trente-cinq centimes.)

Cette somme est justifiée par le détail ci-après :

En espèces... 157 fr. 15
En dépôt à la Société Générale....................... 1.553 fr. 50
Avance au Secrétaire pour frais de Secrétariat........ 43 fr. 70

Total égal.................... 1.754 fr. 35

Les prescriptions de l'article 8 des Statuts ont été strictement observées par le Trésorier, qui n'a jamais conservé plus de 200 francs par devers lui, le surplus ayant été déposé à la Société Générale.

Comme conclusion à ce rapport, votre Commission de contrôle estime que la gestion du Trésorier a été très satisfaisante, et que celui-ci s'est parfaitement acquitté des fonctions délicates qui lui sont confiées.

MÉTAYER (Service actif des Douanes) déclare que son Association a été très embarrassée lorsqu'il s'est agi de fixer sa quote-part dans la souscription pour la campagne contre le favoritisme. Il demande qu'à l'avenir, le Conseil fédéral fixe approximativement le chiffre du subside à verser par chaque association; il désire, en outre, connaître la contribution respective versée par les Associations fédérées et avoir des renseignements sur l'emploi des fonds.

Danglard, Trésorier (Commis des Ponts et Chaussées), répond que la souscription a produit 220 francs. Mais il déclare que, n'ayant pas prévu de demande d'explications sur ce point, il n'a pas apporté la liste des associations ayant versé à cette souscription. Il ajoute que le Conseil fédéral ne pouvait fixer une somme par association, parce qu'il ignorait quel serait le montant de la dépense. Il termine en indiquant que la Fédération a versé, à la Ligue des Droits de l'Homme, 93 fr. 25 pour sa quote-part dans les dépenses.

Abadie (Service actif des Douanes) demande si les délégués des Associations qui n'ont pas acquitté leurs cotisations ont été admis à prendre part aux travaux du Congrès.

Roussel, Président, répond par la négative.

Le compte rendu financier est adopté à l'unanimité.

Rapport sur le Statut Personnel

LAURENT, rapporteur *(Caisse des Dépôts et Consignations)*

Camarades,

Au début de l'année 1908, alors que les Associations de Fonctionnaires, divisées sur la question du droit syndical, avaient laissé mourir depuis quelques mois la première Fédération de fonctionnaires, notre camarade Cartier, ancien secrétaire de cette Fédération, vivement intéressé par les travaux de M. Demartial sur la condition des fonctionnaires, eût l'idée de faire organiser par le groupement auquel il appartient « L'Union Générale des Agents du Service Sédentaire des Douanes » une réunion de toutes les Associations de Fonctionnaires pour permettre à M. Demartial d'exposer ses vues.

Cette réunion, qui eut lieu le 23 février 1908 à la Bourse de Commerce remporta le plus vif succès. 23 Associations de fonctionnaires s'y firent représenter. A la suite de la conférence de M. Demartial, et séduits par les arguments développés, les délégués adoptèrent un ordre du jour, demandant au Parlement le vote d'une loi destinée à régler l'état des fonctionnaires, et, pour activer le vote de cette loi ils décidèrent de constituer un groupement permanent chargé d'étudier les différentes propositions de lois qui se trouvaient déposées sur le Bureau de la Chambre des Députés. Ce groupement prit le titre de « Comité d'Etudes des Associations de Fonctionnaires », et beaucoup d'entre vous se rappellent, puisque les délégués de la grande majorité des Associations adhérentes à la Fédération siégèrent au Comité, que pendant dix-huit mois nous travaillâmes avec ardeur à élaborer un texte susceptible de donner satisfaction aux désirs des fonctionnaires.

Il faut le reconnaître nettement, nous étions alors intimement persuadés que seule une loi était capable de guérir notre organisation administrative des maux dont elle souffre. A ce moment, dans tout le pays, nombreux furent les fonctionnaires qui, sans se rendre compte de ce que pouvait être le « Statut » l'appelèrent de tous leurs vœux, convaincus qu'il apporterait en même temps que l'amélioration de leur condition, la fin du népotisme et du favoritisme.

Depuis cette époque, éclairée par les commentaires publiés par les défenseurs du « Statut » ainsi que par les textes déposés par les différents Gouvernements devant les Chambres, il semble que l'opinion des fonctionnaires à l'égard du statut se soit sensiblement modifiée.

Lassé par une longue période d'attente, l'enthousiasme du début a fait place à la réflexion et nombreux sont les fonctionnaires qui, actuellement, doutent de l'efficacité de cette loi.

Mais le Conseil Fédéral ne devait pas se laisser arrêter par ce nouveau courant d'opinion. Lié par les engagements pris vis-à-vis de vous en février 1910, il devait élaborer un texte lui permettant, si la discussion du projet gouvernemental était venue devant la Chambre, de faire connaître les désirs des intéressés.

C'est dans cet état d'esprit que fut arrêté le projet que toutes vos Associations ont reçu pour qu'elles puissent l'étudier, et nous indiquer les modifications nécessaires.

Sans vouloir dans ce bref exposé, examiner avec vous chaque disposition de ce projet, il me semble utile de rappeler ici les idées directrices qui ont guidé le Conseil Fédéral pour son élaboration.

Tout d'abord, nous demandons que le Statut s'applique à tous les employés, à quelque titre que ce soit, de l'Etat, des départements, des communes, des colonies et des établissements publics.

Pour le recrutement, nous réclamons l'organisation de concours à l'entrée de chaque carrière. Nous ne pouvons, en effet, admettre les examens qui laissent place à l'arbitraire et au favoritisme. En outre, les règles présidant aux permutations nous paraissent devoir être nettement déterminées pour éviter le retour des permutations scandaleuses qui se sont produites il y a quelques années.

En ce qui concerne l'avancement nous avons établi une distinction suivant qu'il s'agit de l'avancement de classe ou de grade. Nous avons admis que pour le même grade, toutes les classes soient franchies automatiquement à l'ancienneté. Pour les grades, au contraire, nous avons prévu les concours ou l'inscription au tableau d'avancement. Nous avons déterminé nettement l'organisation des commissions chargées d'établir le tableau d'avancement, et nous avons prévu l'entrée dans ces commissions de délégués du personnel comme cela existe d'ailleurs, actuellement, dans certains corps. Nous n'avons pas maintenu dans notre projet les conseils professionnels demandés par le Comité d'Etudes. Eclairés par l'expérience d'une institution analogue faites par nos camarades des Postes et des Chemins de fer de l'Etat, nous repoussons ces Conseils, estimant qu'ils porteraient tort à l'action de nos Associations qui, seules, doivent être les porte-paroles du personnel.

Nous demandons, en outre, que le Ministre ou le chef de service, à qui il appartient d'arrêter le tableau d'avancement, soit obligé de motiver les modifications qu'il croira devoir y apporter. Le Ministre ou le Chef de service se trouve trop loin du personnel pour pouvoir l'apprécier, et lorsqu'un fonctionnaire est inscrit ou rayé par lui, c'est presque toujours pour un motif extra-professionnel. Nous croyons donc que la nécessité de motiver les décisions prises empêchera, ou tout au moins rendra moins fréquent, le retour des faits de favoritisme dont toutes les catégories de fonctionnaires ont eu à souffrir.

Pour la discipline nous avons prévu l'organisation de juridictions disciplinaires. Il nous est apparu que là encore, les pouvoirs des Ministres et Chefs de service devaient être restreints, et nous demandons qu'ils n'aient plus à se prononcer sur les fautes professionnelles. Des juridictions composées de magistrats et de collègues de l'inculpé nous paraissent présenter des garanties sérieuses d'indépendance et de justice.

Nous désirons également des dispositions équitables pour régler les questions des déplacements, de la mise en disponibilité, des retraites proportionnelles. Enfin, nous demandons que les règlements établis pour appliquer à chaque corps de fonctionnaires les règles édictées par la loi soient soumis en projet aux intéressés pour leur permettre de formuler leurs observations.

Voilà, camarades, rapidement exposés les principes qui nous ont guidés pour l'élaboration du projet qui vous a été soumis.

Par l'étude de ce texte, chaque Association a pu se rendre compte qu'il présentait le minimum des revendications que nous puissions formuler, et nous n'hésitons pas à déclarer que si le Statut ne devait pas nous apporter l'ensemble des garanties que nous avons prévues, nous le repousserions énergiquement. Cette opinion se trouve d'ailleurs basée sur l'étude, à laquelle nous nous sommes livrés, des projets gouvernementaux. Ces projets, en effet, s'ils semblent vouloir nous donner satisfaction sur quelques points, diffèrent sensiblement de nos conceptions sur le plus grand nombre, et paraissent n'avoir comme unique but que de restreindre les libertés de nos Associations et nos droits de citoyens.

Aussi bien, le sentiment unanime de vos délégués, sentiment exprimé par le camarade Ducharne au nom du Conseil Fédéral dans notre première Assemblée Générale de février 1910, n'a-t-il fait que se confirmer. « Nous acceptons, disait-il alors, le statut personnel s'il doit être équitablement établi : mais nous le repoussons énergiquement, s'il doit comporter une restriction quelconque du droit d'Association. »

En terminant, Camarades, permettez-moi d'attirer votre attention sur un point.

Les promoteurs de l'idée du Statut ont insisté avec vigueur, lorsqu'ils énonçaient les avantages qu'il présentait à leurs yeux, sur le fait qu'il supprimerait le régime actuel des décrets. Ce régime, disaient-ils, ne peut être maintenu, puisque les décrets constituant actuellement le Statut des différents corps de fonctionnaires, émanent des hommes mêmes dont ils ont à déterminer et à limiter les pouvoirs, et qui se trouvent ainsi à la fois juges et parties. Certes, nous ne le nions pas, le régime actuel est mauvais ; mais il faut remarquer que le vote d'une loi générale n'y remédierait point. Cette loi ne pourrait, en effet, que tracer des grandes règles de principe que des règlements d'Administration publique auraient ensuite à adapter pour chaque catégorie de fonctionnaires. Ce serait donc, à n'en pas douter, le maintien du système actuel, c'est-à-dire que les différents personnels continueraient à subir des règles qu'ils n'auraient ni discutées, ni acceptées.

Pénétrons-nous donc de cette opinion que les abus disparaîtront seulement le jour où les règles applicables aux personnels seront arrêtées après entente entre chaque Administration et l'Association groupant ses employés. Alors, seulement, le régime autocratique que nous subissons fera place au régime de collaboration et de démocratie que nous appelons de tous nos vœux.

Camarades,

Comme conclusion à ce bref exposé, je vous propose au nom du Conseil Fédéral, d'adopter le projet de résolution suivant :

Le Congrès, déclare repousser tout projet de Statut ne contenant pas les garanties prévues dans le texte élaboré par le Conseil Fédéral.

HEMMERDINGER (Chefs de Travaux) annonce qu'il est saisi par la Fédération du Rhône d'un amendement qu'il prend l'engagement de déposer devant le Conseil Fédéral, car il ne lui semble pas entrer dans la limite des travaux du Congrès.

MARCHAL (Gardiens de Préfecture de la Seine) s'étonne que la Préfecture de la Seine et la Ville de Paris aient été exclues du projet de Statut.

ROUSSEL. Président, répond que satisfaction a été donnée par le Conseil Fédéral, qui a décidé d'insérer à l'article 1 : « Y compris Paris et le département de la Seine. »

MARCHAL (Gardiens Préfecture de la Seine) demande que cette mention soit bien spécifiée, car de récents arrêtés méconnaissent ce droit.

Deltour (Octrois) demande une modification à l'article 18 du Statut. Il rappelle que des agents, en particulier dans les Octrois, ont été privés de leur emploi du jour au lendemain. Il estime que des garanties sûres doivent être accordées en cas de suppression d'emploi et il propose, en conséquence, l'addition suivante : « En cas de suppression partielle ou totale des agents d'une Administration, le personnel obtiendra une garantie équivalente à l'emploi supprimé ». Il cite l'exemple des octrois de Lyon supprimés en 1900. Les agents, non groupés à cette époque, n'ont pu présenter leurs desiderata. M. Augagneur, maire, leur a, d'une façon bienveillante, accordé un secours temporaire, mais cette garantie, absolument insuffisante, pouvait être retirée d'un moment à l'autre. Devant le danger, la Fédération des Octrois a été créée et grâce à son appui, un pourvoi devant le Conseil d'Etat a pu être intenté. En définitive, un crédit a été inscrit au budget et les employés de l'octroi de Lyon ont vu améliorer leur situation.

Un texte de loi voté depuis par le Parlement est si anodin qu'il n'offre encore pas, actuellement, de garantie suffisante, aussi le projet du statut personnel devrait-il comprendre l'addition proposée. L'article 18 prévoit bien le cas de disponibilité, mais non celui de licenciement pour suppression d'emploi.

Roussel, président, propose de rédiger cet article de la façon suivante : « Le fonctionnaire mis en disponibilité d'office, faisant partie d'un personnel licencié, a droit à un traitement régi et fixé par le règlement et qui lui est dû jusqu'au jour où il est placé dans une position équivalente ».

Lavignon (Octrois) fait observer que l'employé licencié pourrait ne pas s'assimiler à une nouvelle fonction, aussi sa Fédération prévoit-elle le cas de mise à la retraite avec compensation, c'est-à-dire majoration de pension.

Laurent, rapporteur, estime qu'il est difficile d'entrer dans la discussion de toutes les dispositions du projet. Il propose à la Fédération des Octrois de préparer un texte et de le remettre au Conseil Fédéral.

Deltour (Octrois) demande que le Congrès se rallie à l'idée. Adopté.

Collier (Professeurs de l'Enseignement Technique) attire l'attention du Congrès sur la communication d'office des feuilles signalétiques, car l'art. 15 semble faire fond exclusivement sur l'article 65 de la loi de 1905. Il juge nécessaire de revenir à l'amendement Sembat tel qu'il avait été voté par la Chambre, avant d'être disjoint par le Sénat. Les fonctionnaires, en effet, doivent connaître leurs feuilles signalétiques dans tous les cas, et non pas seulement dans les cas prévus à l'art. 65.

La question a été reprise d'ailleurs dans la discussion du dernier budget par M. Paris, député; mais son amendement n'est même pas venu en discussion, le rapporteur général ayant estimé qu'il était trop tard pour revenir sur ce point.

La Fédération Nationale devrait engager dès maintenant une action pour obtenir satisfaction.

LAURENT, rapporteur, fait connaître que le Conseil Fédéral s'est préoccupé de la question, car on ne peut admettre que les fonctionnaires civils ne connaissent pas leurs notes alors que tous les officiers les connaissent. L'objection faite est que cette communication peut porter atteinte à la discipline. Or, depuis 1905, il n'a jamais été établi qu'elle ait été détruite dans l'armée.

ROUSSEL, Président, conclut que deux devoirs sont à remplir :

1° Donner mandat au Conseil Fédéral de tenir compte de l'observation proposée dans l'art. 15 ;

2° Donner mandat d'obtenir la communication du dossier et des feuilles signalétiques.

MARCHAL (Gardiens de la Préfecture de la Seine) rappelle qu'il a présenté au Conseil Fédéral, au mois de juillet, une motion qui intéresse le personnel secondaire des Ministères au même titre que celui de la Préfecture de la Seine, car il y a pour ce personnel des conditions tout à fait spéciales qui devraient être prévues dans le Statut.

LAURENT, rapporteur, fait remarquer à nouveau que le Congrès ne saurait discuter toutes les dispositions du Statut. Il rappelle, d'autre part, qu'il y a trois mois, toutes les Associations ont reçu une lettre leur demandant les modifications qu'elles pensaient devoir apporter au texte adopté. Très peu de réponses sont encore parvenues, mais il appartiendra au Conseil Fédéral de statuer sur les modifications et chacun pourra alors défendre sa manière de voir.

MÉTAYER (Service actif des Douanes) regrette qu'en matière disciplinaire, l'appel ne puisse être élevé que lorsque la peine prononcée est la mise en disponibilité ou la révocation. Or, certaines autres peines sont extrêmement sévères, en particulier les déplacements d'office. En conséquence, il demande que de plein droit l'appel puisse être formé par le fonctionnaire, chaque fois qu'il sera frappé d'une des peines du 2ᵉ degré.

ROUSSEL, Président, rend compte que le Statut personnel a été renvoyé à l'étude de toutes les Associations fédérées. Le Congrès ne peut trancher la question et lui-même reconnaît ne pas avoir de mandat sur ce point.

MÉTAYER (Service actif des Douanes) pense que de telles propositions doivent être rendues publiques.

ROUSSEL, Président, précise que ce ne peut être qu'un échange de vues et que le rôle du Congrès est de discuter les termes de la résolution.

BURGARD (Sous-Agents des Postes) constate qu'il y a un certain manque de liaison entre le Statut personnel et le Statut collectif et regrette qu'on n'ait pas trouvé cette formule qui lie tous les articles. Il fait observer que dans l'art. 23, le fonctionnaire qui veut attaquer par voie contentieuse n'a pas la possibilité d'être assisté par les Associations ou Fédérations auxquelles il appartient. Or, il ne convient pas que le fonctionnaire soit abandonné à lui-même quand il plaide ; il demande donc que le texte soit modifié dans ce sens.

ROUSSEL, Président, met aux voix le projet de résolution.

Adopté à l'unanimité.

Rapport sur le Statut collectif

CHAMPION, rapporteur (*Professeurs-adjoints*)

Mes chers Camarades,

L'étude que j'ai l'honneur de soumettre à votre bienveillante appréciation est le complément nécessaire du rapport sur le *Statut personnel* dont le camarade Laurent vient de vous donner lecture.

Je vais essayer de vous montrer :

a) Que l'association professionnelle est le seul organisme qui puisse défendre efficacement nos intérêts corporatifs ;

b) Que les fonctionnaires, comme tous les citoyens français, doivent être placés sous le régime du droit commun en matière d'association ; et, qu'à ce titre, ils doivent pouvoir bénéficier de la loi de 1884, avec la liberté de pouvoir constituer des unions ou fédérations de syndicats ;

c) Je terminerai par un aperçu des rapports qui doivent exister entre les fonctionnaires et les représentants de l'Etat-patron.

C'est assurément fort bien de nantir les employés de l'Etat, des départements et des communes, d'un statut réglant de façon précise leur recrutement, leur avancement, leurs mutations, leur discipline, mais cela n'est pas suffisant, il faut aussi donner aux fonctionnaires le moyen de veiller à la stricte observance des lois et règlements qui doivent les mettre à l'abri de l'arbitraire et du népotisme.

On sait qu'il ne suffit pas de promulguer une loi pour la faire respecter par tous. Le pouvoir exécutif a été parfois contraint d'employer la force pour faire appliquer la loi. Nous avons encore tous présent à la mémoire les événements qui ont nécessité l'intervention de la force armée pour faire respecter des lois récemment votées. Au surplus, il serait superflu de s'embarrasser de l'appareil si compliqué du pouvoir judiciaire avec son cortège de tribunaux, de magistrats, d'avocats, d'avoués, etc., s'il était si simple de faire observer les lois votées par le pouvoir législatif.

Aussi, tout en faisant confiance à l'ensemble du personnel directeur qui a pour mission de faire appliquer les lois et règlements qui nous concernent, il est tout naturel que nous prenions nos précautions envers ceux qui pourraient être tentés de les violer. Un statut peut diminuer les actes arbitraires, il ne pourra pas les faire disparaître complètement. En supposant même chez tous nos dirigeants une bonne foi absolue, il peut se faire qu'un texte donne lieu à des interprétations diverses. Il sera nécessaire alors qu'un organisme autorisé puisse intervenir pour présenter les observations de la corporation intéressée. Or, je vous le demande en toute sincérité, camarades, est-il un organisme plus qualifié que l'association professionnelle ou le syndicat pour défendre les intérêts corporatifs?

Si on veut véritablement donner des garanties aux fonctionnaires, on devra leur laisser le droit de s'associer librement en vue de l'étude et de la défense de leurs intérêts professionnels. Seuls, les associations et les syndicats disposent de l'autorité nécessaire pour lutter efficacement contre l'arbitraire et le népotisme si éloquemment flétris naguère à la tribune de la Chambre des députés par un représentant du peuple qui siège aujourd'hui dans les conseils du gouvernement où il ne manquera pas de défendre les droits sacrés des fonctionnaires, lorsque la question du statut collectif viendra en discussion.

Pour être complet, chers camarades, je devrais ouvrir ici une parenthèse et vous faire en quelques traits rapides l'histoire du mouvement corporatif, mais ce serait abuser de vos instants, car l'ordre du jour de notre congrès est trop chargé, pour que je puisse me permettre une telle digression. Je me contenterai donc de vous renvoyer au rapport si documenté de M. Jeanneney sur *les Associations et Syndicats de fonctionnaires*, à l'étude si bienveillante de M. Paul Boncour sur *les Syndicats de fonctionnaires*, et à l'ouvrage récent de M. Cahen sur *les Fonctionnaires et leur Action corporative*. Je ne cite que les plus importants.

Au reste, vous n'ignorez pas l'histoire du mouvement corporatif de ces dernières années et vous ne connaissez que trop les causes profondes qui ont présidé à la formation quasi spontanée des Associations professionnelles de fonctionnaires, pour que j'aie besoin d'insister sur ce point.

Nous pouvons donc en connaissance de cause examiner ensemble la question du statut collectif. En nous livrant à ce travail, nous ne ferons que suivre l'excellent conseil que M. Ferdinand Buisson donna le 23 février 1908 aux fonctionnaires réunis à la Bourse du Commerce sur l'initiative de l'Union générale des Agents du service sédentaire des douanes. Vous vous rappelez, sans doute, que le sympathique député de la Seine engagea vivement les Associations de fonctionnaires à se réunir pour élaborer en commun un projet de statut qui fut l'œuvre des intéressés eux-mêmes.

On n'avait en vue alors que l'étude du statut personnel dont le camarade Laurent vient de nous entretenir. Il appartient à votre fédération de compléter ce travail en élaborant aujourd'hui un projet de statut collectif.

*
* *

Vous connaissez tous les circonstances qui ont donné naissance au projet de loi sur *les Associations de fonctionnaires*, déposé par le gouvernement sur le bureau de la Chambre le 11 mars 1907. Ce projet de loi qui visait uniquement le droit d'association des fonctionnaires causa une légitime émotion parmi tous les employés de l'Etat, des départements et des communes, et il fut repoussé par l'unanimité des organisations professionnelles, comme attentatoire à la liberté des fonctionnaires. Par le seul fait que la question du statut des fonctionnaires n'avait pour objet à son origine que de faire échec au développement des Associations professionnelles, nous devons consacrer une attention particulière à l'étude du statut collectif. Au reste, votre dernière Assemblée générale s'est déjà prononcée dans ce sens, en adoptant les conclusions du rapport de notre camarade Ducharne, dont j'extrais le passage suivant :

« Un statut individuel, équitablement établi, peut être avan-
« tageux et la Fédération, l'espérant tel, le réclamera.

« Mais si l'octroi de cette réglementation devait comporter
« une restriction quelconque du droit d'association, il y aurait
« lieu de repousser un pareil présent ».

Je suis convaincu que notre Fédération ne se déjugera pas sur ce point et qu'elle placera le droit d'association des fonctionnaires au premier rang de ses revendications.

Le principe même du droit d'association n'est d'ailleurs plus contesté par personne. La seule question qui se pose encore est de savoir si le droit d'association des fonctionnaires sera défini par une loi spéciale ou s'il doit être rattaché au droit commun d'association professionnelle.

Tous les gouvernements qui se sont succédés depuis la date mémorable du 11 mars 1907 semblent avoir eu une préférence marquée pour une loi autonome, pour une loi faite pour les seuls fonctionnaires. Il est à peine besoin de rappeler ici que ces derniers ne sont point flattés de la haute distinction dont ils sont menacés. Désireux de jouir du droit commun, ils apprécient en effet fort peu les efforts de ceux qui s'obstinent à vouloir les séparer du reste des citoyens français.

Aussi, s'inspirant de cet état d'esprit, votre Conseil fédéral n'a pas hésité à se prononcer en faveur du droit commun d'association professionnelle. Vous savez tous qu'on entend par là l'application aux employés de l'Etat, des départements et des communes des lois déjà existantes sur le droit d'association.

Il existe actuellement deux lois sur le droit d'association : la loi du 21 Mars 1884, relative à la création des syndicats professionnels, et la loi du 1er Juillet 1901, relative au contrat d'association. S'inspirant d'une part des désiderata maintes fois exprimés par les différentes catégories de fonctionnaires, s'en référant d'autre part à l'avis autorisé de M. Jeanneney, votre Conseil fédéral s'est prononcé en faveur de la loi du 21 Mars 1884.

Bien que je ne croie pas qu'il soit nécessaire d'insister devant cette assemblée sur les avantages moraux et matériels de la loi sur les syndicats, je prends la liberté de vous donner lecture d'un passage du remarquable rapport de M. Jeanneney. Voici ce que l'honorable sénateur a écrit à ce sujet, lorsqu'il siégeait encore sur les bancs de la Chambre des Députés :

« En réalité, nous donnons de la « *chose* » tout ce qui est compatible avec l'intérêt public. Et quand au « *mot* », ce n'est pas nous qui le donnons ; il sort de la nature même des choses ; rien ne peut empêcher que, dans le langage du droit, comme dans celui de la pratique, « *Association professionnelle* » et « *Syndicat* » soient des vocables équivalents »..

Mes chers camarades, nous ne vous demandons en conséquence rien que de très raisonnable, en vous conviant à confirmer le vote du Conseil fédéral et à adopter en séance de Congrès le 1ᵉʳ § de l'article 1ᵉʳ de notre projet de statut collectif et dont voici le texte :

« *Les employés de l'Etat, des départements et des communes,* « *des établissements publics et des colonies peuvent constituer* « *librement entre eux, en vue de l'étude et de la défense de* « *leurs intérêts, des Associations professionnelles régies par* « *la loi du 21 Mars 1884* ».

*
* *

L'adoption de cet article et sa mise en vigueur entraînerait nécessairement pour nos associations le droit de se fédérer, puisque l'art. 5 de la loi du 21 Mars 1884 autorise les unions de syndicats. Cependant le Conseil fédéral, désireux d'éviter toute équivoque, a pensé qu'il serait préférable d'insérer dans son projet un paragraphe succinct conférant explicitement aux associations professionnelles la liberté de se fédérer.

Il est en effet bon de dissiper tout malentendu. Vous n'avez sans doute pas oublié l'interpellation de M. Georges Berry qui contestait aux Associations de fonctionnaires le droit de se fédérer. Tout en répondant que « les fonctionnaires assimilés « aux autres citoyens peuvent, puisqu'ils ont le droit de cons-« tituer des associations, organiser et constituer des fédérations entre ces associations », M. le Garde des Sceaux semblait regretter que les Associations de fonctionnaires pussent se fédérer. Il donnait même à entendre que l'on pourrait retirer ce droit en échange d'un statut individuel, offrant aux fonctionnaires toutes les garanties désirables. Il est de notre devoir de réfuter cette opinion qui semble être partagée par beaucoup de parlementaires.

J'ai montré au début de ce rapport que le statut le mieux fait peut donner lieu à des interprétations diverses, et que les règlements les plus précis sont susceptibles d'être violés. Il s'ensuit que ceux qui, de bonne foi, veulent doter les fonctionnaires d'un statut personnel équitable doivent en même temps leur laisser les moyens de le faire appliquer.

Or, il n'est plus à démontrer que tous les fonctionnaires, soumis à un certain nombre de règles communes, ont des intérêts communs ; on doit en conséquence leur permettre de se concerter en vue de la défense de ces intérêts.

Du reste, pourquoi leur refuserait-on cette liberté ? Certains semblent craindre que les fonctionnaires n'abusent de ce droit pour créer de l'agitation dans le pays. C'est là une crainte bien chimérique. En effet, créer de l'agitation, c'est avouer son impuissance ; et, ceux qui, tels les enfants, s'agitent pour le plaisir de faire du bruit, ne sont pas bien dangereux. Les pouvoirs publics le savent bien. D'autre part, une Fédération qui travaille au grand jour présente moins d'inconvénients que des comités clandestins dont les délibérations restent secrètes.

Est-ce que notre Fédération a jamais donné un sujet d'inquiétude ? La publicité donnée à ses travaux la met complètement à l'abri de tout entraînement irréfléchi. Non, notre Fédération n'est pas un instrument de désordre ; loin de constituer un danger, elle peut apporter aux pouvoirs publics un concours efficace pour réaliser des améliorations appréciables dans les services publics.

Oui, camarades, je tiens à souligner que nos Associations et Syndicats ne sont pas seulement des armes de combat destinées à améliorer notre situation ; elles sont aussi des instruments de progrès social pouvant aider efficacement l'administration démocratisée à perfectionner nos services publics. Ce n'est un secret pour personne, qu'en combattant l'arbitraire et le népotisme, nos Associations défendent l'intérêt du consommateur et du contribuable. Que l'on fasse confiance aux syndicats de fonctionnaires et l'on ne tardera pas à s'apercevoir que loin d'entraver l'action des dirigeants, ils peuvent leur apporter une collaboration utile et féconde. C'est en effet dans la coopération étroite de tous ses éléments que résident la force et la solidarité d'un organisme.

Il n'est donc pas possible qu'un esprit éclairé et impartial puisse songer à retirer aux associations de fonctionnaires le droit de se fédérer. Ce serait une mesure rétrograde injustifiable qui aurait des répercussions profondes dans le monde si paisible des employés de l'Etat, des départements et des communes. Nul républicain clairvoyant ne voudra s'associer à une mesure qui aurait pour effet de priver une catégorie de citoyens français d'un droit dont ils n'ont jamais abusé. Ainsi, j'ai la conviction que nous pouvons bannir toute appréhension à ce sujet et faire confiance aux républicains, aux démocrates, qui siègent au Parlement ; car ils ne manqueront pas, lorsque la question du statut viendra en discussion, de reconnaître aux Associations de fonctionnaires la liberté de se fédérer.

*
* *

Lorsqu'on aura accordé aux fonctionnaires le droit de se concerter librement en vue de l'étude et de la défense de leurs

intérêts professionnels, il restera à leur donner la faculté de
« présenter directement leurs desiderata aux chefs de service,
aux ministres et aux commissions parlementaires ». C'est
l'objet de l'article 2 de notre projet de statut collectif. Certains
le trouveront peut-être superflu, parce qu'ils estiment que le
droit de défendre ses intérêts, comporte implicitement la liberté
de présenter ses desiderata aux pouvoirs compétents. Il n'est
cependant pas inutile de préciser et de régler les rapports de
l'État et de ses employés. Dans les services publics le patron
c'est l'État, il importe en conséquence de donner aux associations de fonctionnaires l'assurance qu'elles seront toujours
entendues par ceux qui, à un titre quelconque, participent à la
direction ou au contrôle d'un service public ; à savoir, par le
ministre et les directeurs qui dirigent et administrent, par les
commissions parlementaires qui surveillent et contrôlent.

Au reste, nous ne proposons rien de bien nouveau, nous
demandons tout simplement la consécration de ce qui existe en
fait depuis plusieurs années.

Chers camarades,

Vous voyez par ce court exposé que nos revendications n'ont
rien de subversif. Le texte que nous soumettons à votre bienveillante appréciation a l'avantage d'être clair et précis. Aussi,
c'est avec confiance que je propose à vos suffrages l'ordre du
jour suivant :

*Le Congrès s'élève contre tout projet restreignant le droit
d'association des fonctionnaires* ;

*Et revendique énergiquement pour les associations de fonc-
tionnaires le bénéfice de la loi de 1884.*

Burgard (Sous-Agents des Postes) estime que le Rapporteur
laisse entendre que la Fédération Nationale, par un moyen
plus ou moins dérobé, sortira de la ligne de conduite qu'elle
s'est tracée jusqu'à présent.

Il demande que les mots « à l'exclusion de tout élément
étranger » supprimés par le Conseil Fédéral, soient maintenus
au § 2 de l'article Ier. De la sorte, il n'y aura pas, dans la rédaction, de phrases pouvant prêter à double sens, ni capables
d'aliéner des partisans encore attachés à l'idée du fonctionna-
risme.

Roussel, Président, fait observer que le Congrès n'a pas à
discuter les articles.

Pinault (Professeurs-Adjoints) confirme l'avis émis par le
Président, et déclare qu'il n'appartient pas au Congrès de réta-
blir aujourd'hui ce membre de phrase. Les fonctionnaires de-
mandent le bénéfice de la loi de 1884, ils ne peuvent donc pas
admettre de restrictions.

Burgard (Sous-Agents des Postes) reconnaît qu'ils ont des
droits syndicaux comme les membres de tous les autres grou-

pements, mais qu'il convient de se rappeler la Charte rédigée
lors de la création de la Fédération.

MANCEL (Service hydrographique de la Marine) expose que
la loi du 21 mars 1884 implique d'après les uns le droit de
grève, alors que pour d'autres elle ne l'implique pas. Le Congrès
ne peut trancher cette controverse, mais il peut dire si les fonctionnaires sont pour ou contre le droit de grève. Personnellement, il ne reconnait pas aux fonctionnaires le droit de grève
et demande que le Congrès revendique le bénéfice de la loi de
1884, en insérant la restriction suivante : « Non compris le
droit de grève. »

HEMMERDINGER (Chefs de travaux) explique que la loi de 1884
n'a rien à faire avec le droit de grève et par suite il demande
que le Congrès, qui n'a à s'occuper que de la loi de 1884, écarte
l'addition proposée.

MANCEL (Service hydrographique de la Marine) déclare que
sa proposition n'est pas en dehors de l'ordre du jour, et qu'elle
a seulement pour but de fixer l'interprétation que la Fédération
donne à la loi de 1884.

CHAMPION (Rapporteur) précise que le Congrès s'occupe exclusivement du droit d'association et il importe que les fonctionnaires montrent qu'ils savent ce que contiennent les textes.
(Applaudissements). La question de grève ne saurait être
examinée dans cette circonstance, d'autant qu'aucune modification n'a été apportée à la déclaration-manifeste. Il n'a entendu
examiner qu'une seule chose : le droit d'association, et personne
ne peut nier, de bonne foi, que le droit de grève et le droit
d'association ne soient deux questions distinctes. (Très bien).

ROUSSEL, Président, déclare que le Congrès n'a pas à se prononcer sur le droit de grève, mais que le Conseil fédéral pourra
se prononcer à nouveau sur cette question.

MANCEL (Service hydrographique de la Marine) déclare qu'il
était prêt à voter le projet de résolution, sous le bénéfice des
observations du rapporteur, mais que les propos tenus par le
Président le forcent à maintenir sa proposition.

CHAMPION, Rapporteur, s'élève contre une étude simultanée
des deux questions. La question du droit de grève, pourra être
portée devant le Conseil fédéral, mais la déclaration-manifeste
ne pourra être modifiée qu'après un rapport préalable et après
étude sérieuse de la part des Associations, qui viendront spécialement mandatées sur ce point. En conséquence, il demande
au Congrès de voter les conclusions du rapport.

MANCEL (Service hydrographique de la Marine) se rallie au
vote sous le bénéfice des explications fournies par le rapporteur.

ROUSSEL met aux voix le projet de résolution.

Adopté à l'unanimité.

La séance est ouverte à 2 heures 3o.
1g5 délégués régulièrement mandatés sont présents.
Le bureau est constitué de la façon suivante :
Président : Roussel (Fédération des Amicales d'Instituteurs
    et d'Institutrices).
Assesseurs : Lanquetin (Union Générale des Agents du
    Service Sédentaire des Douanes).
    Deltour (Fédération des Employés d'Octroi).
Secrétaire : Falaise (Fédération des Commis du Personnel
    Administratif de la Marine).

Rapport sur le Projet d'arbitrage

CHAUBET, Rapporteur *(Contributions Indirectes)*

Il ne saurait entrer dans mes intentions, ni dans le cadre de
la mission qui m'est dévolue, d'examiner ici en détail le projet
d'arbitrage soumis au Conseil fédéral et accepté par lui à l'unanimité après une discussion approfondie. Ce qu'il importe
aujourd'hui de préciser et de mettre en lumière, c'est le principe
même sur lequel reposerait l'organisation envisagée, c'est sa
raison d'être et son opportunité.

Suivant en cela les traditions de l'ancien Comité d'études des
Associations, le Conseil fédéral s'est prononcé en faveur d'un
statut personnel, c'est-à-dire d'une loi générale déterminant les
droits individuels de tous les fonctionnaires. A ce sujet, il
importe de souligner que les partisans d'un statut, s'ils pour-
suivent tout d'abord l'unification des garanties éparses dans les
multiples décrets d'organisation, semblent attacher encore plus
de prix à l'établissement d'une base nouvelle plus avantageuse,
qui permettrait aux agents des services publics de réagir efficacé-
cement contre toutes les formes de l'arbitraire et du favoritisme.
Cette manière de voir a d'ailleurs concordé, tout au moins en
apparence, arvec les déclarations de personnalités gouverne-

mentales autorisées qui, tout en reconnaissant la légitimité des réclamations des fonctionnaires, pensaient y remédier d'une façon définitive par le vote d'un statut libérateur.

Mais une mesure arbitraire peut comporter des conséquences individuelles ou collectives, les premières seules susceptibles d'être strictement prévues. On peut codifier, par exemple, l'obligation pour tous les fonctionnaires de suivre la filière ; on peut fixer la part du choix et celle de l'ancienneté ; on peut régler, d'une manière générale, les conditions d'accession aux emplois publics. En d'autres termes, la situation des fonctionnaires peut être déterminée de telle sorte qu'aucun n'empiète individuellement sur les droits de son voisin.

En serait-il de même au point de vue collectif ? Nullement. Sur ce point, le statut restera muet et les décrets d'organisation ou le bon plaisir administratif resteront souverains maîtres. Et il ne peut en être autrement, si l'on considère que les caractéristiques des organisations administratives sont forcément dissemblables et qu'il serait impossible d'en fixer même les grandes lignes dans un texte unique et commun à tous les services. Il en résulte, par exemple, que les cadres d'une administration pourront être modifiés par diminutions, désaffections ou suppressions, entraînant dans l'avancement des perturbations correspondantes, sans que le statut puisse offrir aux agents collectivement lésés l'appui de textes permettant un recours au Conseil d'Etat. Notons qu'il ne s'agirait pas, en l'espèce, de revendications nouvelles à faire aboutir, de mieux-être à conquérir, mais simplement de droits acquis lésés, avec cette aggravation que ce ne serait plus une catégorie, mais une collectivité qui se trouverait atteinte.

En dehors des questions d'avancement même, on pourrait citer de nombreux cas où, des droits collectifs étant mis en cause, le statut resterait inopérant. Faut-il rappeler les récents concours institués dans l'Administration des Douanes, le cas des employés de bureau pour les Contributions indirectes, l'affaire du tiercement dans les P. T. T. ? Autant d'exemples d'arbitraire en matière d'organisation administrative, qui restera toujours matière extra-statutaire.

Nous avons donc pensé qu'il convenait de prolonger le statut, de le compléter par un accessoire qui interviendrait, pour la défense des droits acquis, dans les cas sérieux où le statut serait incompétent. Pour cela, et dans le but d'éviter les innovations hasardeuses qui prêteraient trop facilement le flanc aux critiques des partisans du *statu quo*, préoccupés également de ne rien proposer qui soit en opposition avec les lois constitutionnelles, nous nous sommes bornés à codifier, à tenter de régulariser des pratiques aujourd'hui courantes parmi les personnels organisés. Hors de toute violation de texte ouvrant le recours au Conseil d'Etat, nos groupements font, en effet, appel à l'autorité souveraine et définitive du Parlement, conseil d'administration de cette société anonyme, l'Etat, dont nous sommes les salariés.

Mais ce recours reste une faculté interdite à certains personnels, soit qu'ils ne disposent pas d'une influence électorale suffisante, soit que, pour d'autres raisons, ils ne puissent trouver un parlementaire disposé à leur servir d'avocat, soit enfin que le Parlement n'ait pas jugé à propos de consacrer quelques instants à l'examen de leur cause. Aussi, de cette faculté dont l'exercice est pour beaucoup aléatoire, avons-nous entendu faire un droit dont pourraient user toutes les catégories de fonctionnaires, par l'intermédiaire de leurs associations. Nous ferons remarquer, du reste, que les personnels à faible effectif auraient surtout intérêt à cette innovation, car ils pourraient ainsi se faire rendre justice tout aussi facilement que les catégories nombreuses, dont les associations puissantes représentent une force électorale appréciable.

Toutefois, pour éviter les abus comme pour concilier les associations et les administrations, dans les affaires pour lesquelles une transaction serait possible, nous avons interposé, entre les plaignants et le Parlement, un Conseil qui élaguerait, classerait les affaires qu'il y aurait lieu de soumettre aux Chambres.

On remarquera que nous limitons la compétence de l'organisation arbitrale à la défense des droits acquis. Plus tard, peut-être, y aurait-il lieu de réclamer les mêmes droits, en s'appuyant sur les mêmes arguments, pour assurer à nos revendications ordinaires une issue normale devant les Chambres. Quoi qu'il en soit, ainsi limité, l'arbitrage ne constituerait pas moins une arme préventive, dont l'efficacité n'est pas douteuse. Je vous propose donc, au nom du Conseil fédéral, d'adopter le projet de résolution suivant :

« Le Congrès émet le vœu :

« Qu'un organisme d'arbitrage soit institué pour connaître des conflits extra-statutaires entre les administrations publiques et les associations intéressées. »

Waroquier (Contributions indirectes) estime que la question que vient d'exposer le camarade Chaubet, n'est pas aussi simple qu'elle peut le paraître. L'année dernière, l'arbitrage a été considéré comme une compensation à l'abandon du droit de grève. Les associations de fonctionnaires abandonnaient le droit de grève parce qu'ils appartenaient à des services monopolisés, et pour tenir compte des intérêts de la nation. L'arbitrage était alors un moyen légal de garantie, destiné à faire contre-poids à l'arme dont ils se dépossédaient volontairement. Ainsi avait été proposée la création d'un Tribunal d'arbitrage, aujourd'hui remplacé par un Conseil qui, au lieu de prononcer des sentences sur les conflits, serait chargé simplement de classer et de préparer les dossiers des conflits entre les fonctionnaires et les administrations, pour qu'ils soient ensuite soumis aux Chambres.

Il s'étonne qu'on abandonne ainsi la conception d'un tribunal d'arbitrage, devant rendre des sentences et s'interposant entre la collectivité des fonctionnaires et les pouvoirs publics constitués actuellement par le Parlement.

CHAUBET, Rapporteur, s'étonne que le camarade Waroquier, alors que l'idée d'un organisme d'arbitrage a été admise à l'unanimité par le Conseil d'administration de son groupement, vienne la combattre le jour du Congrès, quand il aurait été plus juste de le faire au sein du Conseil. D'autre part, il n'a pas dit Conseil, mais Organisme, parce que ce qui est demandé en fait d'arbitrage, c'est ce qui peut exister ailleurs soit dans l'ordre économique, soit même dans l'ordre politique.

Il arrive tous les jours, dans les conflits du capital et du travail, que les employeurs ou les employés soumettent soit à une compétence spéciale, soit au juge de paix, leurs différends pour les faire trancher. Or, dans la plupart des cas, celui qui est appelé à rendre cette sentence, ce n'est pas un homme quelconque, c'est un juge, qui sort peut-être des limites du pouvoir judiciaire, mais qui n'en conserve pas moins son caractère de juge et qui est appelé à rendre une sentence qui peut ne pas être acceptée. Il a rendu un jugement, puisqu'il s'est chargé d'apprécier la légitimité des revendications d'une part, des résistances de l'autre, et cependant les deux parties restent libres de ne pas l'admettre. De même, lorsque cet organisme d'arbitrage aura statué entre Associations et Administrations, dans un conflit quelconque, s'il a jugé que l'Association a raison, comment prétendre qu'une Administration publique s'inclinera obligatoirement devant cette décision. Ce ne serait plus alors arbitrage, mais bien tribunal, qu'il faudrait appeler cette organisation : or, cette obligation ne peut être imposée ni aux Administrations, ni aux Associations.

Mais si l'Administration n'acceptait pas une sentence qui lui donnerait tort, et s'il fallait aller devant le Parlement, n'irait-on pas avec une force bien plus grande, en nous appuyant sur la sentence d'hommes compétents et autorisés ? Il estime, par conséquent, que l'arbitrage, tribunal ou organisme, est nécessaire et ne pourra que rendre aux Associations de très grands services.

ROUSSEL, Président, fait remarquer que, dans le projet de loi sur l'arbitrage qui a été envoyé à toutes les Associations fédérées, les parties sont libres d'accepter ou de ne pas accepter la sentence rendue, ce n'est donc pas un tribunal, mais bien un conseil d'arbitrage.

DELMAS (Contributions indirectes) dit avoir été un de ceux qui, les premiers, ont parlé du tribunal ou du conseil d'arbitrage. Le camarade Waroquier a vu, dans cette question, une évolution dans les différentes manifestations qui se sont produites à ce sujet. Il désire simplement dire quelles raisons ont fait penser qu'il était nécessaire de mettre, entre les salariés de l'Etat et leur patron, le Parlement, un intermédiaire qui puisse les juger. Il rappelle les difficultés, le temps d'antichambre à faire toutes les fois qu'il s'agit de porter des revendications dans les Ministères ou au Parlement. Les Associations sont toujours reçues avec de bonnes paroles, mais bien souvent, après de nombreuses années de lutte, elles n'ont pas obtenu satisfaction. Il y a bien d'autres armes, mais ces armes, les fonctionnaires ont conscience qu'ils ne peuvent pas, qu'ils ne doivent pas les employer. Il est donc nécessaire que l'Administration, sourde à toutes les plaintes, trouve quelqu'un qui lui dise « d'apporter aux familles ce qu'il faut pour manger et d'assurer la dignité indispensable ». Il a semblé possible d'avoir un organisme composé de gens ayant dans le pays une situation officielle, pourtant indépendante, par exemple : membres du barreau, de la magistrature, du Conseil d'Etat, des membres de la Chambre de commerce, des industriels, des représentants de l'Administration et des fonctionnaires, et aussi des contribuables.

Devant ce Conseil, seraient exposés les souffrances et les désirs légitimes des fonctionnaires. Chacun de ceux qui le composerait verrait quels salaires de famine sont touchés, d'où l'obligation de tendre la main pour avoir des étrennes, pour assurer le nécessaire à la vie d'une femme et d'enfants. De la sorte, satisfaction serait vite obtenue, car le Parlement serait plus au courant de nos revendications. Le plus souvent, d'ailleurs, les Administrations s'inclineraient parce qu'elles ne voudraient pas faire connaître la situation au public.

WAROQUIER (Contributions indirectes) est d'accord avec les camarades Delmas et Chaubet pour l'institution d'un Conseil d'arbitrage, d'après l'exposé qu'ils en ont fait.

Le projet de résolution est mis aux voix.

Adopté à l'unanimité.

Rapport sur les groupements départementaux

FOURNIER, Rapporteur *(Agents de la Monnaie)*

Chers camarades,

Quelques esprits, les uns impatients, les autres chagrins, se sont crus autorisés à douter de l'efficacité de l'œuvre accomplie jusqu'à ce jour par la Fédération Nationale. La vérité est qu'une organisation qui réunit des troupes aussi nombreuses, se doit à elle-même d'étudier avec le plus grand soin les mécanismes qui assurent sa marche. A défaut d'une précaution aussi sage, des heurts regrettables n'auraient manqué d'enrayer le mouvement, et par suite, de la retarder. Aujourd'hui, l'heure est venue d'agir, et c'est en faveur de cette action désormais nécessaire que le Conseil Fédéral vous demande d'apporter tout votre appui et toute votre force.

La Fédération Nationale n'aura en effet d'influence qu'autant que les éléments qui la compose lui prêteront un concours unanime, en coopérant étroitement et simultanément à l'œuvre entreprise. Mais quelle organisation pouvait plus particulièrement faciliter cette entente de toutes les bonnes volontés éparses de la France entière ?

Il convenait de réunir des fonctionnaires en nombre suffisant pour avoir la force, et d'autre part leur nombre ne devait pas être trop grand pour que la propagande entreprise puisse atteindre chacun de façon efficace. Dans cet ordre d'idées, la création de fédérations départementales a semblé être la meilleure solution. Le département, en effet, véritable unité administrative, est une cellule organisée et complète par elle-même. Sur un semblable terrain, les éléments indispensables pour une prompte réussite sont naturellement groupés et les fonctionnaires se doivent de resserrer plus étroitement un lien qui existe déjà. Aussi des groupements organisés sur ces bases auront-ils toujours assez de force et partant assez d'indépendance pour faire entendre leur voix. Le cas du camarade Man, — au sujet duquel je m'en voudrais d'insister. car vous le connaissez tous, — nous en fournit une preuve éclatante. Cette page douloureuse de l'histoire de nos luttes pour la défense de nos droits de citoyens a montré tous les fonctionnaires des Basses-Pyrénées étroitement solidaires. Au bureau du méeting de protestation, tenu à Bayonne, avaient pris place des délégués de chaque groupement et ce spectacle a été pour tous à la fois admirable et réconfortant. Ce qui a pu être fait en cette circonstance, le rapprochement des sections de toutes les associations le réalisera en tous points du territoire et ainsi sera créé un merveilleux instrument de propagande et de réalisation.

A la faveur de ces fédérations dont le Conseil souhaite l'éclosion rapide, des relations de camaraderie plus suivies s'établiront, laissant tomber derrière elles tous les préjugés de coterie. Des fêtes corporatives, des excursions en commun, des soirées de familles auront le fait de transformer une existence rendue trop souvent [...] ne par la solitude et l'ennui, résultat d'un individualisme outré.

Nous devrons à cette éducation, seule capable d'éveiller les énergies, de pouvoir saisir l'opinion, soit par la parole, soit par des écrits.

Volontiers en effet, le public nous reproche une trop grande servilité envers les dirigeants et pour ce fait, il nous dédaigne ; volontiers aussi il nous rend responsables des erreurs du pouvoir et c'est alors sur nous que retombe sa colère. Pourquoi dans des conférences ou dans des meetings largement ouverts à tous, ne montrerions-nous pas au grand jour, l'administration telle qu'elle est actuellement, avec son cortège de préjugés et d'erreurs ?

La presse de son côté, toujours généreuse lorsqu'il s'agit de défendre les idées justes, ne se refusera pas à l'insertion des communiqués nombreux qui lui seront adressés et, au moyen desquels sera forcée l'attention de ceux que les revendications les plus légitimes laissent aujourd'hui indifférents.

Aussi bien, par l'entente, par une discipline volontairement consentie, triompherons-nous de toutes les résistances et de toutes les défiances. Quels que puissent être les événements futurs, les principes de solidarité semés survivront à tous les coups et suffiront à maintenir entre tous les fonctionnaires la liaison nécessaire pour la défense de leur indépendance et de leur dignité !

A côté de ces considérations morales, se place d'ailleurs un argument d'une valeur pratique indiscutable. La nécessité de l'action étant reconnue, chacun se rendra compte aisément que ce serait folie de l'engager de tous les côtés à la fois, par des interventions individuelles, trop souvent intéressées. Seul un groupement solidement constitué et prêt à agir en tout temps peut donner des garanties de réussite. Quel est aujourd'hui le département désireux d'employer à nouveau la tactique néfaste usitée en 1910, lors des élections législatives? Le Conseil Fédéral avait alors demandé à chaque Association, d'intervenir, par l'intermédiaire de ses sections locales, auprès des candidats pour leur soumettre un même programme de revendications générales. L'expérience nous a montré — et ses leçons ne doivent pas être oubliées, — qu'en très peu d'endroits, les candidats avaient été pressentis d'une façon réellement efficace. Trop de groupements agirent d'une façon égoïste, se demandant si ces revendications d'ordre général ne lasseraient pas la bonne volonté des futurs élus dont ils escomptaient l'appui bienveillant pour des revendications d'un caractère plus particulier. Pour éviter le retour de semblables faits, l'existence de groupements départementaux s'impose. Seuls des organismes constitués d'après les mêmes principes seront susceptibles de recevoir une impulsion uniforme. Seuls ils rendront possibles une action électorale qu'il importe essentiellement d'exercer. Dans l'avenir le plus proche, notre bulletin de vote n'ira plus qu'au candidat qui s'engagera nettement à nous soutenir. C'est là un principe essentiel que nous n'avons pas le droit d'oublier et que nous avons le devoir de ne laisser ignorer à personne.

Par l'emploi judicieux de ces différents moyens d'action, chaque fédération aura une force très grande dans son département. Mais là ne saurait s'arrêter son œuvre. En dehors de ces limites, ces organisations collaboreront de façon très utile à l'œuvre de la Fédération Nationale. Des renseignements nombreux et intéressants, des idées neuves et généreuses parviendront par cette voix au Conseil Fédéral, chargé d'une étude d'ensemble et de la mise au point de tous ces éléments. Les Fédérations départementales assureront la liaison nécessaire entre Paris et la France entière, pour toutes les questions d'ordre général, —

chaque Association conservant la plus entière autonomie pour les questions d'ordre professionnel.

Cette collaboration servira d'ailleurs la cause de toutes nos revendications corporatives qui, différentes en apparence, n'en ont pas moins un même but : apporter des modifications profondes dans l'administration actuelle. Aux bases monarchiques sur lesquelles elle repose, notre esprit et nos tendances nous portent à substituer des assises plus conformes à l'idée républicaine. Au principe suranné de l'autorité, nous voulons voir succéder le principe plus fécond d'une collaboration très peu désirée par les dirigeants, bien qu'ils affectent de lui reconnaître une valeur propre.

« Au lieu d'être un instrument de travail, dit le rapporteur général du budget de 1912, l'administration est une barrière. Telle qu'elle est, elle pourrait convenir à la façon de vivre de l'an viii. Aujourd'hui elle retarde. Les citoyens ont pris le train et l'administration est restée en diligence. »

Seule l'existence des fédérations départementales assurera une communauté de méthode indispensable pour permettre de modifier un tel ordre de choses. L'éveil de toutes les intelligences et de toutes les énergies, harmonieusement liées et guidées sûrement, jettera plus de vie dans un organisme qui étouffe et se meurt. Au lendemain d'une semblable évolution, l'administration française vivra enfin de la vie de la nation.

Aussi bien les nombreux avantages qu'ils nous offrent, ne permettent-ils pas de différer plus longtemps la réalisation de ces groupements, là où elle n'est pas encore accomplie. A ceux déjà constitués, dans la Somme, les Vosges, le Rhône, la Savoie, les Basses-Alpes, l'Hérault et les Basses-Pyrénées, adressons des éloges mérités pour avoir tracé la voie par laquelle passeront demain tous les autres départements.

Camarades,

Le Conseil fédéral, confiant dans votre approbation, vous propose en conséquence l'adoption du projet de résolution suivant :

« Le Congrès, estimant nécessaire l'existence des groupements départementaux,

« Invite toutes les Associations fédérées à agir auprès de leurs sections régionales pour qu'il soit constitué, dans chaque département, un groupement fédéral ».

Delmas (Contributions indirectes) demande si les groupes locaux des Associations non adhérentes à la Fédération pourront adhérer aux groupements départementaux. Il signale que certains groupements départementaux existant actuellement ont à leur tête des représentants d'Associations non adhérentes.

Fournier, rapporteur, répond que les groupements départementaux ne sont pas des organisations filiales de la Fédération et que, par suite, il convient de leur laisser toute liberté d'organisation. Dans l'esprit du Conseil fédéral, les groupements départementaux seraient surtout des groupes d'étude, et il semble que dans ces conditions il n'y aurait pas d'inconvénients à accepter toutes les catégories de fonctionnaires.

Roussel, président, insiste pour que les groupements départementaux n'aient que le caractère de groupes d'études et il déclare que dans ces conditions rien ne s'oppose à ce qu'ils soient ouverts à toutes les catégories de fonctionnaires. Dans son opinion, ces groupements pourront surtout agir auprès des parlementaires; ils contribueront en outre à établir entre tous les fonctionnaires du département des liens de solidarité qui pourront être précieux si l'un d'eux était victime de mesures arbitraires.

A l'appui de son opinion, Roussel rappelle le cas de Man, instituteur à Bayonne, qui, poursuivi par la haine de politiciens du lieu, a été traduit en police correctionnelle et menacé de déplacement d'office. Roussel démontre ensuite que ce sont les protestations véhémentes de tous les fonctionnaires qui ont empêché les chefs d'accomplir leur mauvaise action. Il conclut en déclarant que ce rôle de défense mutuelle est l'un des plus beaux que l'on puisse attribuer aux groupements départementaux.

Roques (Contributions indirectes) demande si les actes des groupements départementaux engageront le Conseil fédéral.

Fournier, rapporteur, répond par la négative.

Roques (Contributions indirectes) dit qu'il ne suffit pas de déclarer que la Fédération ne sera pas responsable des actes des groupements départementaux ; il s'agit, ajoute-t-il, de bien spécifier si l'on veut que la Fédération ait des groupements reliés à elle.

Laurent, secrétaire, fait observer que le rôle des groupements départementaux peut être nettement délimité. Alors que les groupements locaux des Associations s'occupent des intérêts particuliers de leur catégorie de personnel, les groupements départementaux devraient, eux, ne se préoccuper que des intérêts communs à tous les fonctionnaires, et ils ne pourraient être en relation avec la Fédération que lorsqu'il s'agirait de ces intérêts. Il termine en insistant sur le rôle utile que pourraient présenter les groupements départementaux pour l'action auprès des parlementaires.

Roques (Contributions indirectes) estime que lorsque le Conseil fédéral aura donné un mot d'ordre sur une question, les groupements départementaux devront agir de concert avec le Conseil fédéral.

Roussel, président, résume la question. Le Bureau fédéral inviterait les représentants des Associations fédérées à créer dans chaque département un groupement. Ce groupement, qui ne serait composé que des groupes des Associations fédérées, élirait un bureau. et celui-ci serait en relations directes avec la Fédération. Il serait entendu que pour toutes les grandes revendications d'ordre général, le Conseil fédéral donnerait le mot d'ordre. Pour les questions locales, au contraire, ces groupements auraient toute latitude et même pour les cas particuliers, il seraient libres d'appeler à eux temporairement les Associations non adhérentes à la Fédération.

Waroquier (Contributions indirectes) déclare qu'il ressort de la discussion que la Fédération telle qu'elle est constituée, n'est pas une Fédération, mais un Comité inter associations.

Métayer (Douanes actives) demande que les groupements d'partementaux ne soient pas ouverts aux Associations dissidentes.

Delmas (Contributions indirectes) fait remarquer que la question des groupements départementaux avait déjà préoccupé la première Fédération de fonctionnaires qui l'avait résolue par la négative. Il est certain que. quel que soit le mode adopté : reconnaissance officielle ou seulement établissement de rapports officieux, les résultats seront médiocres. Il conclut en demandant que la question soit soumise à une nouvelle étude et renvoyée au prochain Congrès.

Roques (Contributions indirectes) rappelle que l'année dernière, sur l'invitation du Conseil fédéral, son Association a adressé à tous les secrétaires de ses groupes de province une circulaire leur demandant de prendre l'initiative de constituer avec les représentants des autres Associations fédérées des groupements départementaux. Il constate que dans certains endroits, les secrétaires des groupes de son Association ont eu à lutter contre les représentants d'autres Associations fédérées.

Fournier, rapporteur, fait remarquer que c'est pour obvier à cet inconvénient que le Conseil fédéral demande un vote engageant chaque Association. A son avis, le point restant à trancher est de savoir si les groupements départementaux doivent ou non, être composés exclusivement de membres de groupements fédérés.

.. Balavoine (Contributions indirectes) signale que dans les groupements départementaux actuellement existants. les postiers figurent parmi les éléments les plus actifs. Il estime que la solution préconisée par Roques est la plus logique, mais il constate que les groupements existants ne pourront pas renvoyer les fonctionnaires non fédérés.

Dangland, trésorier, pense que notre ambition commune doit être de grouper le plus grand nombre possible de fonctionnaires. Personnellement. il voit dans les groupements départementaux un organe de propagande, et il estime qu'il serait d'une tactique habile d'admettre dans ces groupements les fonctionnaires non fédérés ; il est persuadé que lorsque ceux-ci auront pris contact avec les représentants d'Associations fédérées, ils travailleront au sein de leur organisation pour qu'elle adhère à la Fédération nationale.

HEMMERDINGER (chef de travaux des Facultés de Sciences) constate que l'action des groupements départementaux a été tout à fait utile au moment des élections. Il signale que le groupement du Rhône a depuis cette époque étudié certaines questions d'intérêt général et il rappelle que ce groupement vient de lui transmettre un travail sur le Statut collectif. Il pense donc que le rôle de la Fédération est de provoquer l'organisation de ces groupements, en invitant tous les fonctionnaires de province à se serrer les coudes sans distinction de catégories.

WAROQUIER (Contributions indirectes) estime que la question d'organisation de la Fédération est plus importante qu'on ne peut le concevoir, à la première réflexion. Il rappelle que des critiques ont été formulées dans la séance du matin sur l'inaction de la Fédération : il se demande si cette inaction est surtout imputable aux hommes, et si elle ne proviendrait pas en partie de la constitution imparfaite de la Fédération. Il demande aux délégués de réfléchir sur cette question et il conclut en demandant l'ajournement de la discussion sur les groupements départementaux.

MÉRAYER (Douanes actives) se rallie aux conclusions de Waroquier.

ROULIER (Douanes actives) constate que certains délégués ne semblent pas se rendre compte de la façon dont les choses se passent en province. Il signale les difficultés rencontrées lors de la création du groupe départemental de la Loire-Inférieure. En terminant il se rallie également aux conclusions de Waroquier et demande au Congrès de donner mandat au Conseil fédéral de provoquer en province des réunions de fonctionnaires pour étudier la question, afin de permettre à la Fédéraration de s'inspirer des avis émis dans ces réunions.

WAROQUIER (Contributions indirectes) insiste pour que la question soit mise de nouveau à l'étude et inscrite en tête de l'ordre du jour du prochain congrès.

ROQUES (Contributions indirectes) s'élève contre le renvoi de la question à un congrès ultérieur, en signalant que cette question a déjà été longuement discutée au Conseil fédéral et dans les Conseils d'administration des associations. Il affirme que le moment est venu de créer les groupements départementaux, et il demande au Congrès d'inviter les représentants des Associations fédérées à organiser ces groupements et à se mettre en rapport avec le Conseil fédéral.

DELMAS (Contributions indirectes) insiste pour l'ajournement de la question.

ROUSSEL, président, estime que l'on exagère les dangers que présente l'organisation des groupements départementaux. A son avis ces groupements devront surtout s'occuper des questions locales.

Waroquier (Contributions indirectes) se demande ce que sera la vie des fédérations départementales, quels seront les objets de leurs délibérations et de leur activité, si elles n'ont à s'occuper que des questions purement locales, à l'exclusion des questions d'intérêt général.

Roussel, président, déclare qu'il ne partage pas les craintes exprimées par Waroquier. Il estime que la besogne ne manquera pas aux groupements départementaux et que bien au contraire ils en auront trop.

Delmas (Contributions Indirectes) pense que l'on ne peut adopter que l'une des deux tactiques suivantes : laisser les groupements se constituer à leur guise avec des éléments fédérés et non fédérés et, dans ce cas, ne leur donner aucun droit dans la Fédération, ou bien organiser ces groupements entre représentants des Associations fédérées et, dans cette hypothèse, leur donner une part dans la direction de la Fédération. Il croit que cette seconde solution entraînerait la dissolution de la Fédération.

Roussel, Président, fait remarquer que Delmas lie trop facilement deux questions. Il pense que nous pouvons engager nos camarades de province à constituer des groupements départementaux, mais, bien entendu, ces groupements n'auraient aucune part dans l'Administration de la Fédération.

Waroquier (Contributions indirectes) exprime la crainte que l'organisation des groupements départementaux ne crée une dualité de direction pour les intérêts généraux des fonctionnaires. Il craint que les fonctionnaires de province ne se disent : « puisque nous sommes réunis pour l'étude des intérêts communs des fonctionnaires, nous n'avons pas besoin d'un Comité inter-associations pour mener la lutte » et qu'ils ne détruisent la Fédération.

Laurent, secrétaire, fait remarquer que pour détruire la Fédération nationale telle qu'elle est constituée, il faudrait d'abord que les groupes locaux des différentes Associations ou Fédérations qui la compose détruisent respectivement leur groupement central. Or, il ne croit pas à la réalisation de cette hypothèse, car les fonctionnaires d'une catégorie ont un intérêt évident à être solidement unis pour la défense de leurs intérêts particuliers.

Delmas (Contributions indirectes) rappelle que son Association a été la première à donner à ses groupes locaux le mot d'ordre de s'entendre avec les représentants des autres Associations. Il regrette que toutes les Associations n'aient pas agi de même car la question de la création de groupements officiels ne se poserait pas aujourd'hui et la Fédération pourrait se contenter de réunir en province les états-majors des groupes comme ils sont réunis à Paris au sein du Conseil fédéral.

Gilles (Commis des Ponts et Chaussées) fait remarquer que deux thèses sont en présence : Création immédiate des groupements départementaux entre les groupes locaux des Associations fédérées, d'une part, et, d'autre part, ajournement et mise à l'étude de la question. Il demande au président de mettre ces deux propositions aux voix.

MÉTAYER (Douanes actives) ne partage pas les craintes exprimées par Waroquier. Le seul motif de division, à son avis, serait l'admission dans les groupements départementaux, d'associations dissidentes.

COUDERT (Contributions Indirectes) déclare qu'il manque à la Fédération un organisme de propagande. Il s'agit, à son sens, de savoir si la Fédération veut vivre ou mourir. Il estime que pour vivre la Fédération doit posséder un organisme de propagande et il demande que les Associations prennent l'engagement de verser une cotisation spéciale de 1 ou 2 centimes par membre, ce qui produirait 10 ou 20.000 francs par an. A l'aide de cette somme, la Fédération pourrait organiser la propagande en province et faire aboutir les revendications. Il conclut en demandant la mise à l'étude de sa proposition et l'ajournement de la question des groupement départementaux.

ROUSSEL, président (Instituteurs) met l'ajournement aux voix.

L'ajournement est voté par 165 mandats contre 30.

	POUR	CONTRE
Fédération des Amicales d'Instituteurs	20	
Fédération des Octrois.......................	10	
Association des Agents de la Monnaie..........		5
Union des Agents du service actif des Douanes.	15	
Association des Sous-Agents des Postes.......	20	
Association des préposés des Manufactures de l'Etat...................................	5	
Union des Agents des Contributions indirectes,.	15	
Fédération des Commis de la Marine..........	5	
Union des Agents du Service sédentaire des Douanes...................................	10	
Fédération des Professeurs-adjoints et Répétiteurs....................................		5
Association des Employés de l'Imprimerie nationale..................................	5	
Association des Commis des Ponts et Chaussées	10	
Association des Agents du Service Pénitentiaire	10	
Association des Employés de la Caisse des Dépôts		5
Association des Percepteurs de Carrière.......	5	
Association des Chefs de Travaux des Facultés de Sciences...............................		5
Association des Employés du Service géographique de l'Armée...........................	5	
Fédération des Employés des Etablissements du Ministère de la Guerre....................	10	
A reporter.	145	20

Report....	145	20
Association du Personnel enseignant de l'enseignement technique.....................,		5
Association des Commis des Communes mixtes d'Algérie...............................		5
Association des Employés du Service hydrographique de la Marine.........................	5	
Association du Personnel de service de la Préfecture de la Seine.........................	5	
Syndicat National des Employés de Perception.	5	
Association fraternelle des Officiers de Douane.	5	
Totaux.............	165	30

Rapport sur le Journal inter-corporatif

HEMMERDINGER, Rapporteur *(Chefs de travaux et Préparateurs des Facultés de Sciences)*

Depuis longtemps déjà, plusieurs de nos collègues ont senti le besoin d'un journal officiel ou officieux de la Fédération. A diverses reprises, la question s'était posée entre nous ; elle n'avait pas été jugée assez mûre pour être retenue. Actuellement, il semble qu'elle vienne à son heure. et qu'elle mérite de retenir sérieusement notre attention.

Jusqu'alors. en effet, nous avions surtout besoin de travailler entre nous, de nous mettre d'accord sur nos désirs et nos revendications, d'apprendre un peu à nous connaître.

Le vote qui semblait imminent — du statut des fonctionnaires nous obligeait à nous occuper avant tout, et vite, de cette question primordiale, de la régler entre nous, de savoir ce que nous voulions et surtout ce que nous ne voulions pas.

Cette première partie de notre besogne se trouve, je n'ose pas dire terminée, mais en bonne voie — et, pour différentes raisons, il semble que nous ayons maintenant le temps de la parfaire à loisir.

Donc. puisque nous savons ce que nous voulons, il ne s'agit plus que de le réaliser ou. tout au moins, d'essayer de le faire. Vous avez entendu parler de nos différents moyens d'action. Il en reste un maintenant, le plus puissant peut-être, dont je suis chargé de vous entretenir, c'est le journal.

Le Journal, ce sera pour nous la possibilité de nous faire entendre

    des pouvoirs publics   *de nous-même*   *du public*

Vis-à-vis des pouvoirs publics, il nous faut un moyen officiel, ouvert, de faire connaître nos besoins, nos désirs, nos intentions.

Il nous faut la possibilité d'exercer sur le corps législatif une pression avec plus de force, plus de cohésion, encore que nous ne pouvons le faire par l'action politique de nos groupements départementaux. Il nous faut, en quelque sorte, fournir la preuve de nos vues, et de la ténacité avec laquelle nous entendons les faire prévaloir.

Dans un autre ordre d'idée, vous savez, en France, combien tous, du plus petit au plus grand, sont animés d'une soif d'honnêteté, de justice, d'égalité, qui n'est nulle part aussi marquée que chez les gouvernants. Vous savez bien que pas un ministre, pas un sénateur, pas un député, n'acceptera jamais de sanctionner une injustice lorsqu'il sera indubitablement démontré que c'est une injustice. Aussi ne pouvons-nous manquer d'avoir tout le monde d'accord avec nous quand nous donnerons aux injustices commises dans l'administration — rares injustices, commises évidemment toujours par inadvertance, par erreur, par ignorance — la publicité d'un grand journal. Et si, par hasard, nous rencontrions quelques difficultés de ce côté ou du côté de l'Administration elle-même, si par hasard le favoritisme, cette vieille institution monarchique que la République a théoriquement renversée, si le favoritisme, dis-je, tentait de revenir un jour sur l'eau, songez à l'arme formidable que serait pour nous un journal où toutes les faveurs, tous les passe-droit seront méthodiquement, impitoyablement signalés.

Ce n'est pas à des militants comme vous l'êtes tous ici, que j'apprendrai combien certains tours de passe-passe, couramment effectués sous le manteau, deviennent plus difficiles et plus rares quand on leur assure d'avance une éclatante publicité. Chacun de nos bulletins, chacune de nos feuilles, a de ce chef, vous le savez, de nombreuses victoires à son actif.

Nous pouvons enfin, et ce n'est pas là le moins intéressant de notre programme, faire connaître aux pouvoirs publics, toujours désireux d'assurer un meilleur fonctionnement des rouages administratifs, tous les perfectionnements, toutes les modifications, toutes les économies — et ce mot est fait pour sonner délicieusement aux oreilles d'un parlementaire — dont notre expérience pratique nous permettra d'indiquer la réalisation possible. Nous pouvons faire connaître ces réformes à faire sans qu'on puisse, comme cela arrive et est arrivé bien souvent, soit les étouffer en des cartons poudreux, soit les faire tourner à notre désavantage.

Mais ce n'est pas tout. Je vous disais que nous commencions à nous connaître. Cela n'est encore vrai que pour une minorité, pour ceux qui composent le Conseil fédéral et leur entourage immédiat d'une part, pour les militants des groupements départementaux d'autre part. Ce n'est pas assez, nous avons besoin de nous connaître davantage encore, de nous connaître tous, et, seul, un journal commun peut répondre à ce besoin.

Beaucoup trop, parmi nous, ignorent ce qui nous unit, ce qui nous rassemble, quels sont nos intérêts communs et nos communs besoins. — Beaucoup d'entre nous, très renseignés sur les abus qui les entourent, sur le mal dont ils souffrent, ne savent pas assez que ces abus sont universels, que leur mal est partagé. C'est ce que peut leur apprendre le journal. A ceux qui sont déjà fédérés, notre journal apprendra pourquoi ils ont raison de l'être ; à ceux qui ne le sont pas encore, notre journal saura, seul, montrer pourquoi ils doivent venir à nous, et quelle sera notre puissance invincible le jour où nous serons tous unis dans un même effort vers le mieux.

A un point de vue plus terre à terre, mais non moins utile, le Journal pourra renseigner chacun à l'occasion sur ses devoirs et sur ses droits, que tant d'entre vous ignorent si souvent ; il en résulte des malentendus déplorables.

Vis-à-vis du public enfin, qui ne nous connaît guère que par le chiffre total que représentent au budget les fonctionnaires — chiffre total dont une si grosse part va vers les pourvus de grosses sinécures qui ne sont pas des nôtres. — le journal permettra de nous faire connaître. Nous pourrons montrer ainsi que si nous nous préoccupons à juste titre de notre situation, de nos garanties, de notre vie matérielle et morale, nous ne nous préoccupons pas moins de la bonne marche des services publics que nous assurons.

Si le public, en général, couvre d'une même réprobation tous les fonctionnaires, c'est qu'il ignore que dans les services publics, comme ailleurs, ceux qui ont la charge ne sont pourtant pas ceux qui ont le profit. — Ce n'est pas celui qui fait le pain qui le mange. — Tout cela, nous pouvons l'apprendre au public, le lui démontrer, et nous assurer un concours précieux.

Mais, me direz-vous, à quoi bon pour cela un nouveau journal? N'avons-nous pas la grande presse d'une part, nos organes d'association d'autre part? et toute cette besogne, dont l'utilité ne sera pas contestée je pense, ne pourrait-elle se partager entre les organismes existants ?

Non, mes chers camarades, non ! La grande presse peut s'intéresser à nous un jour ou une semaine : elle est essentiellement variée et variable ; elle doit l'être pour satisfaire sa clientèle, et nous n'y pouvons mener de campagne soutenue. Ajoutez à cela qu'il n'existe pas de grand quotidien assez indépendant, au point de vue politique, pour qu'une campagne de nous n'y soit immédiatement affublée d'une étiquette dont nous ne voulons pas, quelle que soit sa couleur. Nous ne voulons pas faire de politique, ce serait faire trop facilement le jeu de nos adversaires.

La grande presse peut servir la Fédération ou les Associations fédérées à l'occasion d'un congrès, d'un incident — d'une campagne déterminée — en un mot, d'une façon intermittente, mais non d'une façon continue.

Alors ? les organes de nos associations ?

Encore non! Ils répondent à un but bien déterminé, parallèle à celui que je viens de définir, mais qui n'est pas identique à beaucoup près.

En dehors de ce qui intéresse chacune de nos associations, et qui suffit amplement à remplir nos bulletins, il est des faits, il est des idées, il est des revendications communes à tous et pour lesquels nos bulletins ne sont ni assez volumineux, ni surtout assez fréquents.

De plus, chacun de nos bulletins est trop encombré — légitimement encombré — de ce qui intéresse les fonctionnaires, qu'il représente pour pouvoir intéresser beaucoup les autres.

Ce qu'il nous faut, c'est un organe à nous, un organe général, le journal des Associations fédérées.

C'est ce journal dont votre Conseil a étudié l'organisation et qu'il me charge de vous présenter.

Je sais bien que quelques-uns d'entre vous vont me dire que ce journal est tout prêt : le *Trait d'Union* existe ! C'est vrai, et nous savons les services qu'il a déjà rendus. Mais il ne répond pas à la définition que j'ai donnée de nos besoins — encore qu'il ait été créé dans le même esprit. Mais il est là, et si vous acceptez en principe la création d'un journal, le Conseil fédéral essaiera, avant toute autre chose, de se mettre d'accord avec le *T. U.* pour qu'il devienne l'organe quasi officiel de la Fédération, tel que nous le concevons.

Que nous continuions le *Trait d'Union* en généralisant son intérêt, ou que nous fondions un autre journal à côté de lui, je vais vous exposer comment le Conseil fédéral conçoit un pareil organisme.

Tout d'abord, remarquez bien que nous ne demandons aujourd'hui qu'un vote de principe, et nous soumettrons à l'étude des associations un projet précis, déjà prêt, mais dont je tiens à vous donner l'esprit général pour vous montrer que ce Conseil fédéral, dont on a médit, travaille quelquefois — et que ce n'est pas une proposition en l'air que je vous apporte.

J'ai dit : Journal des Associations fédérées, et non Journal de la Fédération. Il faut, en effet, que ce journal soit en dehors de la Fédération, qu'il ait sa vie propre, pour que celle des Associations — nous espérons qu'il n'y en aura pas — qui ne voudront pas prendre leur part de charges et de responsabilité, puissent le faire sans cependant cesser d'être des nôtres.

Donc, seules les associations qui le voudraient adhéreraient au journal ; ne pourraient y adhérer, d'ailleurs, que les associations faisant partie de la Fédération. Bien entendu, les associations non adhérentes pourraient toujours participer à la rédaction, sous réserve de l'approbation du Comité de rédaction.

Mais chaque association adhérente aurait un représentant dans le Conseil d'administration du journal, et, ici, le Conseil fédéral pense que petites comme grandes, chacune devrait pouvoir faire entendre sa voix également, les décisions devant être prises au sein de ce Conseil à la majorité des voix.

Le Conseil d'administration se réunirait une fois tous les trois mois d'office, plus toutes les fois qu'il serait convoqué par son bureau, et toutes les fois que un tiers des membres en feraient la demande.

Le Conseil élirait dans son sein un bureau composé d'un secrétaire, un secrétaire-adjoint, un trésorier, qui assureraient la vie matérielle du journal.

Comment cette vie pourra-t-elle être assurée ? Ici, je m'excuse d'être obligé de vous apporter des chiffres. Mais je tiens essentiellement à vous démontrer que la possibilité du projet a été étudiée jusque dans ses détails.

Nous comptons, pour commencer, faire un journal bi-mensuel — un hebdomadaire serait mieux, un quotidien parfait. Mais nous n'en sommes pas là, et mieux vaut limiter nos prétentions à ce qu'il est raisonnable d'espérer.

Si nous supposons un tirage à 3.000 exemplaires, les dépenses prévues sont les suivantes :

$$1 \text{ premier mille à } 144 \text{ fr. : } 144 \times 24 = \quad 3.456 \text{ fr.}$$
$$2 \quad\quad \text{mille à } \quad 17 \text{ fr. : } \quad 34 \times 24 = \quad\quad 816 \text{ fr.}$$
3.000 envois à o fr. 02 .... 1.440 fr.
Frais de bureau..................... 688 fr.

Total........... 6.400 fr.

Ces chiffres sont établis d'après le prix de revient du journal *Le Travailleur de l'Etat*, c'est un maximum. Nous avons presque la certitude de trouver mieux.

Si nous supposons 1.000 fr. de publicité pour l'année, ce qui est peu si on compare à ce que fait tel de nos Bulletins trimestriels, nous arriverons à boucler notre budget avec 1.400 abonnements à 4 fr.

Or, nos associations fédérées comptent actuellement plus de 190.000 membres.

Le journal peut donc vivre au point de vue pécuniaire, et cela dès le lendemain de votre décision.

Mais, pour cela, il faut un certain fonds de roulement. Votre Conseil estime qu'en demandant 100 fr. comme droit d'entrée à chaque association adhérente, on pourrait assurer la marche du journal, pour commencer pendant deux ou trois mois au moins, le temps de mettre en train, d'intéresser le lecteur et de recueillir des abonnements. Ces 100 fr. constitueraient un fonds d'avance inaliénable, permettant de partir et, plus tard, de parer aux à-coups possibles.

A cette égalité de charge pour les associations adhérentes, correspondrait une égalité de droit au sein du Conseil d'administration, comme nous l'avons vu.

Ce n'est pas un gros sacrifice que s'imposeraient ainsi les associations. Celles qui voudraient faire davantage pourraient toujours, outre les abonnements individuels de leurs adhérents, souscrire en bloc un certain nombre d'abonnements qui seraient les bienvenus.

Telle serait l'organisation matérielle de notre Journal. Comment se ferait la rédaction ?

Le Conseil d'administration élirait en son sein un comité de rédaction de 5 membres, élus pour un an, et dont les décisions, prises à la majorité des voix, seraient sans appel.

Nous abordons, ici, le point le plus délicat de la question. Si nous voulons vivre, il nous faut des abonnés, des abonnés qui s'abonnent, des abonnés qui restent abonnés. Il faut donc intéresser. Si nous voulons remplir le programme que je traçais tout à l'heure, il nous faut signaler tous les abus, toutes les injustices, toutes les fautes qui pourront intéresser l'ensemble des fonctionnaires. Mais tout abus comporte un responsable, toute faute un coupable, toute injustice une réparation. Et nous voilà bien des adversaires sur le dos. Nous n'avons pas la naïveté de supposer que ces adversaires, souvent puissants, nous laisseront faire et dire sans protester — par tous les moyens. Il nous faudra donc être prudents, n'avancer que des choses exactes — et ne laisser passer que des protestations strictement justes. La besogne sera parfois délicate. Il faut, à ceux qui seront chargés de l'accomplir, la possibilité de le faire en toute conscience, en toute sécurité.

A un autre point de vue, les rédacteurs seront qui ? nous tous ; chacun participera à l'œuvre commune, les bonnes volontés ne manqueront certainement pas. Mais la mise au point ne sera pas immédiate. Des articles seront envoyés qui n'intéresseraient pas tout le monde — dont la forme pourrait laisser à désirer — là encore, il faut un contrôle sérieux et efficace, une discipline librement consentie.

Mais il est bien entendu que toutes les voix pourraient se faire entendre sous leur responsabilité personnelle — que tous les sons de cloche seraient admis. On a soulevé cette objection au Conseil :

Les associations non adhérentes — ou les minorités des associations adhérentes — pourraient-elles se faire entendre ? — En ce cas, la responsabilité de la Fédération ne serait-elle pas engagée ?

Non — le rôle du Comité de rédaction consisterait à prier les auteurs, à l'occasion, d'arrondir les angles — d'éviter les personnalités blessantes — et, au cas où des articles seraient proposés ne représentant pas l'opinion unanime de la Fédération, le Conseil fédéral pourrait toujours faire suivre l'article qu'il n'approuverait pas d'un mot rectificatif indiquant qu'il s'agit d'une opinion personnelle ou partiellement collective — qui n'est pas celle de tous.

Indépendamment des faits, des comptes rendus de nos séances, de l'exposé de nos revendications, le Journal contiendrait, chaque quinzaine, une chronique d'actualité envisagée à notre point de vue de fonctionnaires. Plusieurs d'entre nous ont déjà accepté de collaborer à cette rubrique, qui donnera au journal de la vie et de l'animation.

Une chronique de vulgarisation scientifique nous a été promise.

L'élément littéraire ne sera pas négligé pour rendre le journal attrayant.

Enfin, nous espérons avoir une chronique judiciaire et juridique par un homme particulièrement compétent, qui a été pressenti autrefois à ce sujet et qui avait accepté de la faire. — Nous puiserons certainement tous, dans cette chronique, des connaissances pratiques qui nous font parfois cruellement défaut.

Telle pourrait être, dans les grandes lignes, l'organisation du Journal que nous demandons l'autorisation de créer.

Il repond à un besoin certain, il est possible, il ne demande que des bonnes volontés, du travail et de la volonté... n'est-ce pas dire qu'il est fait ?

En résumé, je demande au Congrès, au nom du Conseil fédéral, de déclarer.....

« Qu'il admet le principe de la création d'un journal des Associations fédérées et donne mandat au Conseil fédéral de saisir ces Associations d'un projet d'organisation. »

ROUSSEL, Président, fait observer que les indications formulées au rapport sur le fonctionnement du Journal y ont été introduites à titre purement indicatif et que le Congrès n'a à se prononcer que sur la question de principe.

DELMAS (Contributions Indirectes), après avoir rendu hommage au travail consciencieux du rapporteur, admet qu'un organe ainsi conçu serait peut-être de nature à donner de bons résultats, mais exprime ses craintes sur les difficultés de sa réalisation. Il avait envisagé un organe de ce genre comme devant être fourni gratuitement à tous les associés ; mais il faudrait, dans ce cas, augmenter le taux des cotisations et cette mesure ne paraît pas réalisable.

Il constate que la solution proposée est plus pratique, mais craint que la Fédération sorte de son rôle car, dans les conditions envisagées, l'organe ne serait pas le journal officiel de la Fédération, mais bien celui des Associations qui l'auront constitué, et ne sera d'ailleurs lu que par les abonnés et les camarades de leur entourage.

Il pense qu'au cas ou un article serait de nature à chatouiller la susceptibilité d'une catégorie de fonctionnaires, la Fédération pourrait en être rendue responsable et en supporter les conséquences ; il conclut en déclarant qu'il ne lui semble pas que le journal puisse être mis sous l'égide de la Fédération, laquelle n'a, dès lors, pas à se préoccuper de la question.

DELTOUR (Octrois) donne lecture d'une délibération prise récemment par le Congrès de l'Association qu'il représente, et dont les considérants peuvent se résumer ainsi :

Existence du Journal « *Le Trait d'Union* » ;

Dualité possible entre celui-ci et le journal envisagé,

Sacrifice financier considérable pour les Associés ;

Caractère du Journal ne permettant pas à des opinions individuelles de se réclamer de l'investiture fédérale ;

Disparition du Journal en cas de dissolution de la Fédération ;

Et concluant : « Qu'il y a lieu de surseoir à la création d'un « nouvel organe qui ferait double emploi avec un organe « existant déjà, et dont le but essentiel est de défendre les « intérêts de tous les fonctionnaires ».

Métayer (Service actif des Douanes) déclare que son Association votera contre, par mesure de prudence, mais que la question pécuniaire n'est pour rien dans sa détermination. Il estime que le *Trait d'Union*, pour lequel son Association a consenti un sacrifice financier appréciable, rend tous les services désirables et que, tant que ce journal restera indépendant, n'abordera aucune question de nature à jeter le trouble dans les Associations, il n'y a pas lieu de créer un nouvel organe.

Glay (Instituteurs) croit que dans son Groupement les avis sont partagés et demande le renvoi à l'étude des Associations.

Personnellement, il ne combat pas le principe du journal, mais estime qu'en attendant la solution de la question, le Conseil Fédéral pourrait envoyer aux Associations fédérées un communiqué destiné à être publié dans les organes corporatifs.

Il croit dangereuse la conception du rapporteur et préconise la recherche des moyens propres à obtenir une mise en relation permanente du Conseil Fédéral avec la grande presse afin de saisir l'opinion publique. Il signale diverses circonstances où cette presse a été très utile aux diverses catégories de fonctionnaires, entre autres aux Instituteurs et propose, en conséquence, de joindre à l'ordre du jour une motion ainsi conçue :

« Le Congrès donne mandat au Conseil Fédéral de rechercher les meilleurs moyens à employer pour obtenir des rapports permanents entre la presse et la Fédération des fonctionnaires ».

Hemmerdinger, Rapporteur, après avoir rappelé que son rapport exprime la conception de la majorité du Conseil Fédéral, déclare : le journal envisagé ne saurait être une entreprise commerciale devant réaliser des bénéfices ; ce sera un organe appartenant aux fonctionnaires, géré par eux et pour eux. Il n'y a pas lieu de discuter les détails d'organisation ; ceux fournis au rapport y ont été introduits à seule fin de permettre à chacun de se rendre compte que le journal est possible et peut vivre ; il appartiendra aux Associations, saisies d'un projet ferme, de discuter ces détails. Le *Trait d'Union* quel qu'ait été le bon esprit qui a présidé à son organisation, semble avoir dévié du but recherché ; il n'intéresse qu'une petite catégorie de fonctionnaires ; il constitue en fait une opération purement commerciale ; aucun contrôle effectif n'existe sur la rédacton ou tout au moins ce contrôle n'est pas exercé par des fonctionnaires délégués de groupements corporatifs ; à ces différents points de vue et à d'autres encore, il diffère sensiblement du journal envisagé.

Le « *Trait d'Union* » pourrait d'ailleurs devenir l'organe préconisé par le Conseil fédéral ; il suffirait qu'il soit cédé, moyennant redevance, par ses propriétaires, au Conseil d'Administration du journal à créer ; cette solution désirable supprimerait la dualité que semblent craindre quelques camarades.

Les relations permanentes avec la grande presse offrent sans doute des avantages, mais présentent aussi des inconvénients dont le moindre est le peu d'influence officielle qui pourrait être exercée sur elle ; dans les moments les plus critiques elle pourrait, pour une cause ou pour une autre, faire défaut (Le rapporteur cite à l'appui de son dire un fait typique).

Delmas (Contributions Indirectes) s'étonne que le « *Trait d'Union* » ait été mis en cause ; 'l estime que la plupart des inconvénients signalés à son égard subsisteraient avec le nouveau Journal ; il ne recherche pas si le « *Trait d'Union* » a suivi la ligne de conduite qu'il s'était tracée, mais, dit-il, « n'essayez pas de le mettre sous l'égide de la Fédération.... Celle-ci n'a pas à intervenir ».

Roussel, Président, constate que la discussion s'est égarée sur le fond, alorsque le principe seul était en cause.

Il donne lecture de l'ordre du jour poposé :

Il s'agit, dit-il, de se prononcer pour ou contre le renvoi aux Associations ; l'acceptation du renvoi impliquant celle du principe.

On procède au vote par appel nominal.

RÉSULTATS....... 80 oui
60 non
50 abstentions.

	Pour	Contre	Abstentions
Fédération des Amicales d'Instituteurs			20
Fédération des Employés d'octroi...........		10	
Association des Agents de la Monnaie	5		
Union des Agents du Service actif des Douanes..		15	
Association des Sous-Agents des Postes			20
Association des préposés des Manufactures de l'Etat....................................	5		
Fédération des Agents des Contributions Indirectes...................................		15	
Fédération des Commis de la Marine........	5		
Union des Agents du Service sédentaire des Douanes....................................	10		
Fédération des Professeurs-Adjoints et répétiteurs....................................	5		
Association des Commis des Ponts - et - Chaussées...................................	10		
Association des Agents du Service pénitentiaire.....................................	10		

	Pour	Contre	Abstentions
Association des Employés de la Caisse des Dépôts	5		
Association des Percepteurs de carrière		5	
Association des Chefs de travaux des Facultés de Sciences	5		
Association des Employés du Service géographique de l'armée			5
Fédération des Employés des Etablissements du Ministère de la Guerre		10	
Association du personnel enseignant de l'enseignement technique			5
Association des Commis des Communes mixtes d'Algérie	5		
Association des Employés du service hydrographique de la Marine	5		
Association du personnel de service de la Préfecture de la Seine		5	
Syndicat National des Employés de Perception	5		
Association fraternelle des Officiers de Douane	5		

Roussel, président, donne lecture des articles 17 et 18 du règlement du Congrès ; il déclare que la question de principe lui paraît tranchée et que l'affaire doit être renvoyée à l'étude du Conseil fédéral (Protestations dans quelques groupes).

Une discussion assez confuse à laquelle prennent part Roussel, Hemmerdinger, Deltour, Glay, Laurent, Delmas, Roques, s'établit sur l'interprétation à donner aux résultats du scrutin ; quelques délégués réclament un 2° tour.

Champion (Professeurs-adjoints) estime qu'en pareille matière il importe que la majorité absolue soit obtenue ; qu'il convient d'étudier à nouveau la question, de saisir des résultats de cette étude les Associations fédérées, lesquelles, après réflexion et discussion pourront mandater leurs délégués au Conseil fédéral dans un sens bien déterminé.

Roussel, président, déclare qu'il sera procédé ainsi que vient de l'indiquer Champion et qu'au cas où, d'après les résultats de la consultation, le Conseil fédéral ne croirait pas avoir l'autorité nécessaire pour trancher la question, que celle-ci figurerait à l'ordre du jour du prochain congrès.

Rapport de la Commission des Résolutions

HEMMERDINGER, Rapporteur (*Chef de Travaux des Facultés*)

Hemmerdinger, rapporteur, rappelle que la Commission nommée à la séance du matin a été saisie de quatre propositions déposées par les camarades Glay, Roques et Laurent.

Il demande au Congrès s'il convient de revenir sur la proposition du camarade Roques, après les discussions engagées au sujet des diverses questions inscrites à l'ordre du jour.

Roques (Contributions indirectes) estime qu'il importe d'envisager d'une façon toute spéciale l'action du Conseil fédéral ; mais sur la demande du rapporteur, il accepte d'en renvoyer la discussion après celle des trois autres propositions.

Hemmerdinger, rapporteur, fait connaître que la Commission a réuni dans un même ordre du jour ces trois propositions : affaire Savary, cas Bassagaïtz, et mise en application d'une circulaire Goblet de 1886.

Il expose les faits :

1° Le docteur Savary, président de l'Association des inspecteurs départementaux de l'Assistance publique a engagé chacun des membres de cette Association, dans le Bulletin corporatif, à aller trouver les membres de la Commission du Budget, pour défendre leurs revendications. Pour ce seul article, le docteur Savary est sous la menace d'une peine disciplinaire ;

2° On a reproché au secrétaire du Groupe des Douanes actives de Bayonne, Bassagaïtz, d'avoir transmis à la presse le texte d'un ordre du jour de protestation contre des vexations infligées à un employé. Une enquête a été ouverte contre lui, et une peine disciplinaire a été demandée « pour rappeler cet agent au respect de l'autorité et calmer ses ardeurs ».

3° En 1886, une circulaire adressée par M. Goblet enjoignait aux inspecteurs d'Académie d'interdire aux fonctionnaires placés sous leurs ordres les communications collectives adressées aux journaux.

Mais cette circulaire n'a été appliquée que l'année dernière pour la première fois. Un instituteur a été puni et déplacé d'office pour avoir communiqué à la presse un ordre du jour émané de son groupement.

L'ensemble de ces faits a paru suffisant à la Commission pour motiver l'ordre du jour suivant ;

Le Congrès :

Vivement ému :

1° Par le cas du docteur Savary, frappé pour avoir engagé ses collègues à des démarches auprès de la Commission du Budget, démarches qui ne sont qu'une des formes employées couramment par les fonctionnaires dans leur action corporative ;

2° Par les considérants avec lesquels a été frappé le camarade Bassagaïtz pour son action purement corporative lui reprochant :

D'être secrétaire du groupe et de jeter la perturbation dans les brigades où les agents se consacrent exclusivement à l'exercice de leur fonction.

Et espérant que la peine sera suffisante pour rappeler cet agent au respect de l'autorité et calmer ses ardeurs ;

3°. — Par l'application en 1910 aux instituteurs de la circulaire Goblet de 1886, interdisant aux fonctionnaires les communications collectives adressées aux journaux ;

Revendique énergiquement pour les fonctionnaires le droit qui ne leur avait pas été contesté jusqu'alors et qui découle nécessairement de la loi de 1901.

Droit de faire connaître leurs revendications soit à l'opinion, soit aux pouvoirs publics, par la communication des travaux de leurs groupes, aussi bien à la presse que dans leurs bulletins corporatifs.

Pétrissans (Service actif des Douanes) fait connaître que son Association ignorait que la Fédération Nationale avait été saisie de l'affaire Bassagaïtz. Il regrette l'incident, car le bureau de son Association a pris l'engagement de ne rien communiquer à la presse avant un délai de huit jours, afin de ne pas gêner les pourparlers engagés avec l'Administration par son Association qui pense pouvoir obtenir seule gain de cause.

Il dégage donc publiquement la responsabilité du bureau de l'Union des Douanes actives dans cette affaire et sous cette réserve, laisse le Congrès libre de faire ce qui lui plaira.

Glay (Instituteurs) estime que cet incident démontre l'embarras de l'Administration qui a peur de l'opinion publique et propose en conséquence un marché à une Association. Il importe que la Fédération Nationale toute entière connaisse ce marché.

Métayer (Service actif des Douanes) s'élève contre cette interprétation, car il n'y a pas eu à proprement parler un marché. Le cas Bassagaïtz soulève un point de droit qu'il importe d'éclaircir et un délai a été demandé pour avoir le temps matériel de l'éclaircir.

Roussel, Président, met aux voix l'ordre du jour proposé par le Rapporteur.

Adopté à l'unanimité,

Roques (Contributions Indirectes) déclare avoir satisfaction et ne pas insister pour la discussion de sa proposition.

Roussel, Président, félicite tous les membres de la bonne tenue du Congrès. Il reconnaît que si les discussions ont été quelquefois vives, elles n'ont jamais cessé d'être courtoises, et il ajoute, que de retour dans les départements, chacun pourra dire qu'à l'avenir, pour toute cause juste, de nombreux camarades sont prêts à s'aider et à se soutenir. *(Applaudissements).*

La séance est levée à 6 heures 1/4.

ANNEXES

PROJET DE STATUT PERSONNEL [1]

CHAPITRE I

Dispositions générales

ARTICLE PREMIER. — Sont considérés comme fonctionnaires pour l'application de la présente loi, tous ceux qui, en qualité de délégués de l'autorité publique, d'employés, d'agents et de sous-agents, occupent dans un service public régi par l'Etat, les départements, les colonies ou les communes (y compris le département de la Seine et la ville de Paris), un emploi permanent rémunéré par un traitement mensuel ou par l'allocation de remises.

CHAPITRE II

Recrutement

ART. 2. — Nul ne peut être admis à un emploi de début dans un service public, s'il n'est français, s'il ne jouit de ses droits civils et, quand il est majeur, de ses droits civiques et politiques et, en outre, s'il n'a satisfait à un concours.

Les avis de concours doivent faire l'objet, au *Journal Officiel*, de trois publications dont la dernière devra être insérée trois mois au moins avant la clôture des inscriptions.

Le Ministre ou le chef de service à qui appartient la nomination, arrête la liste des candidats admis à prendre part au concours.

Tout candidat exclu du concours a le droit de connaître les motifs de son exclusion.

ART. 3. — L'admission à un emploi de début n'est prononcée définitivement qu'après un *stage* probatoire suivi, s'il y a lieu, d'un examen pratique. La durée de ce stage sera déterminée par les règlements d'administration publique.

Les candidats sont nommés stagiaires suivant l'ordre d'admission au concours.

Une indemnité, égale au traitement de début, est attribuée au stagiaire.

ART. 4. — Toute nomination doit, à peine de nullité, être faite à la dernière classe du grade le moins élevé de chaque catégorie de fonctions.

ART. 5. — Les permutations ne pourront avoir lieu qu'entre catégories de fonctions comportant des conditions d'aptitudes similaires. Un règlement d'administration publique déterminera, sous cette réserve, les corps entre lesquels pourront avoir lieu des permutations, établira une équivalence entre leurs grades respectifs et fixera les règles et conditions de la permutation.

(1) Projet adopté *en première lecture* par le Conseil fédéral pour être soumis au Congrès.

Est nulle toute permutation non prévue par ce règlement.

Le règlement organique de chaque corps détermine la proportion des emplois de chaque grade qui pourront être occupés par des fonctionnaires venant d'un autre corps.

Art. 6. — Toute nomination est publiée dans le délai d'un mois, au *Journal Officiel*.

CHAPITRE III

Avancement

Art. 7. — Lorsqu'un grade comporte plusieurs classes de traitement, le fonctionnaire passe de l'une à l'autre par augmentations périodiques, dont le montant est fixé par les règlements organiques. Ces augmentations ne peuvent être ajournées que par mesure disciplinaire.

La promotion à un grade ou emploi supérieur a lieu soit au concours soit par voie d'inscription au tableau d'avancement.

Tout fonctionnaire chargé d'un emploi supérieur sera nommé au grade correspondant au dit emploi.

Art. 8. — Le nombre des inscriptions au tableau sera limité dans des proportions déterminées pour chaque service par un règlement d'administration publique.

Si dans le courant de l'année le tableau est épuisé, il peut être complété dans les formes prescrites à l'article suivant.

Art. 9. — Le tableau d'avancement est arrêté annuellement par le ministre ou par le chef de service à qui appartient la nomination, d'après un projet établi par une commission composée de membres nommés à raison de leurs fonctions et de deux membres, représentants du personnel, pour chaque grade ou emploi ou groupement de grades ou d'emplois similaires.

Les représentants du personnel sont élus annuellement par leurs collègues.

Au cas où le ministre ou le chef de service effectuerait une inscription nouvelle ou une radiation, la modification apportée devra être motivée.

Art. 10. — Le tableau d'avancement est immédiatement rendu public. Dans le délai de quinze jours qui suit cette publication, des réclamations peuvent être adressées par les fonctionnaires intéressés au ministre qui statue dans le délai d'un mois et ne peut modifier le tableau que sur avis conforme de la commission instituée par l'article précédent.

Art. 11. — Les dossiers communiqués à la commission chargée de préparer le tableau d'avancement ne contiendront que les pièces relatives au service.

CHAPITRE IV

Discipline

Art. 12. — Tout fonctionnaire qui commet une faute professionnelle encourt une peine disciplinaire.

Art. 13. — Les peines disciplinaires du premier degré sont : l'avertissement, le blâme ou la censure.

Ces peines sont prononcées par l'autorité, après avis des supérieurs hiérarchiques de l'intéressé, et sauf le droit de recours prévu à l'article 22.

Art. 14. — Les peines du second degré sont la radiation du tableau d'avancement, la rétrogradation, le déplacement disciplinaire, la mise en disponibilité d'office, la mise à la retraite d'office, la révocation. Ces peines sont prononcées par une juridiction disciplinaire constituée en premier ressort par des tribunaux disciplinaires établis par région et en appel par une cour disciplinaire. Les tribunaux disciplinaires sont composés de quatre magistrats et de trois fonctionnaires, ces derniers étant du même service et du même grade que l'inculpé et élus annuellement, ainsi que leurs suppléants, par leurs collègues. La cour est composée de quatre conseillers à la Cour de Cassation et de trois Conseillers d'Etat élus par leurs collègues, et des trois collègues précités de l'inculpé.

Les décisions de ces tribunaux sont rendues dans les formes ordinaires de la justice, c'est-à-dire après une instruction préliminaire et un débat oral pour lequel l'intéressé peut se faire assister d'un défenseur et citer des témoins. L'audience est publique, à moins que le tribunal n'ordonne le huis-clos. La décision est motivée.

Un fonctionnaire délégué par l'autorité compétente remplit les fonctions du ministère public.

L'appel peut être formé soit par le fonctionnaire inculpé, soit par l'autorité, mais seulement lorsque la peine prononcée ou requise est la mise en disponibilité ou à la retraite d'office ou la révocation.

Le délai d'appel est de cinq jours; il court pour le ministre du jour de la décision et pour le fonctionnaire du jour de la notification par voie administrative.

Art. 15. — Aucun fonctionnaire ne peut être l'objet d'une mesure disciplinaire qu'après qu'il aura été invité à prendre communication de son dossier, conformément à l'article 60 de la loi du 22 avril 1905 et à fournir ses justifications écrites.

Art. 16. — Dans les cas graves et urgents, si l'intérêt du service l'exige, le fonctionnaire peut être suspendu, jusqu'à décision des tribunaux disciplinaires par le ministre, le chef de service ou les agents de direction ou de contrôle délégués à cet effet.

CHAPITRE V
Déplacement, Disponibilité, Retraites, Licenciement

Art. 17. — Le déplacement prononcé pour suppression d'emploi ou nécessités de service dûment constatées entraîne le paiement, au fonctionnaire, de tous ses frais de déplacement.

Art. 18. — En cas de suppression de son emploi, soit par mesure individuelle, soit par mesure collective, le fonctionnaire est mis en disponibilité. Sauf ce cas et celui de mesure disciplinaire, il ne peut être mis en disponibilité que sur sa demande.

Le fonctionnaire mis en disponibilité sur sa demande n'a droit à aucun traitement; le fonctionnaire mis en disponibilité d'office a droit à un traitement qui est fixé par les règlements et qui lui est dû jusqu'au jour où il est replacé dans un emploi au moins équivalent à celui qu'il occupait en dernier lieu.

Art. 19. — Un fonctionnaire peut être mis à la retraite soit sur sa demande, soit parce qu'il atteint la limite d'âge réglementaire, soit d'office.

Un règlement d'administration publique spécial, pris sous le contre-seing du Ministre des Finances, fixe l'âge réglementaire de la retraite dans les différents corps de fonctionnaires.

Un fonctionnaire ne peut être mis à la retraite d'office que par mesure disciplinaire ou s'il est incapable de remplir utilement les devoirs de sa fonction. Si cette incapacité provient de son état de santé, la mesure doit être appuyée d'un certificat médical, et, dans tout autre cas, d'un avis unanime de ses différents chefs hiérarchiques.

Tout fonctionnaire peut recevoir une pension proportionnelle quand, après dix ans de service au moins, une lésion physique ou l'affaiblissement de ses forces physiques ou intellectuelles le rend incapable de continuer ses fonctions.

Quand l'incapacité de service est la conséquence d'une maladie, d'une blessure survenue au fonctionnaire dans l'exercice ou à l'occasion de ses fonctions, le droit à la pension est acquis alors même que le service a duré moins de dix ans.

Art. 20. — Si un fonctionnaire n'ayant pas encore acquis des droits à la pension est incapable de remplir utilement ses devoirs professionnels, il est licencié; cette mesure est prise dans les formes prescrites au troisième alinéa de l'article précédent. Le fonctionnaire licencié a droit au remboursement des sommes retenues sur son traitement pour le service des pensions. Dans le cas où cette incapacité proviendrait de son état de santé, il peut, en outre, lui être accordé une indemnité annuelle et renouvelable, dont le montant sera fixé suivant la situation et les états de service de l'intéressé.

Art. 21. — Le fonctionnaire, dont la démission est acceptée, a droit au remboursement des retenues effectuées sur son traitement pour le service des pensions.

CHAPITRE VI

Recours

Art. 22. — Toute réclamation hiérarchique adressée par un fonctionnaire directement ou par l'intermédiaire d'une association à l'autorité dont il dépend, doit recevoir une réponse.

Art. 23. — Tout fonctionnaire est juridiquement fondé à attaquer par voie contentieuse, sous la forme d'un pourvoi devant le Conseil d'Etat, toute mesure prise en violation de la présente loi ou des règlements organiques du corps auquel il appartient.

CHAPITRE VII

Dispositions diverses

Art. 24. — Dans un délai de dix-huit mois, à dater de la promulgation de la présente loi, des règlements d'administration publique devront organiser les différents corps de fonctionnaires rétribués par l'Etat en se conformant aux règles édictées par ladite loi.

Art. 25. — La situation des fonctionnaires départementaux, coloniaux et communaux fera l'objet de règlements-types spéciaux, élaborés suivant la même procédure et dans le même délai.

Dans les six mois à dater de cette publication, les préfet et gouverneurs adapteront ces règlements-types aux fonctionnaires départementaux et coloniaux par des arrêtés pris après avis du Conseil général ou du Conseil d'administration de la Colonie. Ces arrêtés seront approuvés par décret.

Dans le même délai de six mois et dans les communes d'au moins 20.000 habitants, les maires adapteront ces règlements-types aux fonctionnaires communaux par des arrêtés pris après avis du Conseil municipal. Ces arrêtés seront approuvés soit par le préfet ou le gouverneur, soit par décret, selon que les revenus de la commune seront inférieurs ou supérieurs à trois millions.

Si, à l'expiration du délai de six mois prévu aux deux paragraphes précédents, l'arrêté nécessaire pour l'application du règlement type n'a pas été pris, il en sera proposé un d'office, dans les trois mois, par l'autorité qui aurait eu à donner l'approbation.

Dans toute commune de moins de 20.000 habitants les conditions de recrutement, d'avancement, de mise à la retraite et de discipline des fonctionnaires communaux seront réglées par une délibération du conseil municipal approuvée par le Préfet.

Art. 26. — Les règlements et arrêtés prévus aux articles 24 et 25 seront publiés en projet. Un délai de trois mois sera imparti aux intéressés pour porter leurs observations à la connaissance de l'autorité compétente.

PROJET DE STATUT COLLECTIF [1]

Article premier. — Les employés de l'Etat, des départements e des communes, des établissements publics et colonies peuvent constituer librement entré eux, en vue de l'étude et de la défense de leurs intérêts, des Associations professionnelles régies par la loi du 21 mars 1884.

Ces Associations peuvent se fédérer.

Art. 2. — Les Associations et les Unions d'associations peuvent présenter directement leurs desiderata aux chefs de service, aux ministres et aux commissions parlementaires.

PROJET DE LOI SUR L'ARBITRAGE [1]

Article premier. — Tout fait de l'autorité en dehors des cas explicitement prévus par un texte de loi, qui serait considéré par les associations comme lésant les intérêts d'une catégorie d'agents, pourra être déféré à un Conseil d'arbitrage.

Art. 2. -- Toute association comprenant parmi ses adhérents au moins un tiers des agents intéressés par la décision contestée, a qualité pour introduire un pourvoi ; celles en comprenant au moins un cinquième peuvent se porter parties en cause et produire au Conseil un exposé de leurs observations.

Les associations justifient de leur compétence par la production :
1° d'un mémoire établissant les conséquences du fait contesté ;
2° d'un état nominatif de leurs adhérents intéressés, certifié exact par les membres du bureau et publié par l'organe officiel de l'association ou porté par celle-ci à la connaissance des membres inscrits au dit état.

Art. 3. — Le Conseil d'arbitrage comprend 29 membres : 1° deux conseillers d'Etat en service ordinaire élus par leurs collègues ; 2° un conseiller à la Cour de cassation désigné par le Gouvernement ; 3° onze députés et neuf sénateurs élus par les bureaux de leurs assemblées respectives ; 4° trois représentants désignés par l'admi-

(1) Voir observation, page 59.

nistration en cause; 5° trois représentants de la catégorie intéressée, chaque catégorie élisant annuellement six titulaires et six suppléants.

Les représentants des administrations et du personnel ne siègent qu'après recevabilité des pourvois.

Un règlement d'administration publique précisera le mode d'élection et déterminera les catégories, qui comprendront, autant que possible, la succession des classes et grades qui peuvent être franchis sans concours.

Art. 4. — Le Conseil d'arbitrage, annuellement renouvelable, élit un président, deux vice-présidents, quatre secrétaires; un greffier lui est adjoint. Il se réunit une fois par semaine sur convocation du président et statue sur la recevabilité des pourvois introduits depuis la précédente séance. Un membre parlementaire est désigné comme rapporteur, à la majorité absolue, pour chaque affaire. Les pourvois sont numérotés et présentés dans l'ordre de recevabilité au conseil.

Art. 5. — Il est procédé en séance publique à la lecture des mémoires, à l'audition du rapporteur et des défenseurs désignés par l'administration et l'association requérante.

Le Conseil délibère ensuite en séance privée et émet un avis à la majorité absolue.

Art. 6. — Si dans le délai de trente jours aucune des parties n'a signifié au Conseil sa non-acceptation, l'avis devient décision exécutoire.

Art. 7. — Lors des sessions parlementaires, le président du Conseil l'arbitrage soumet mensuellement les avis contestés aux Chambres, qui statuent en dernier ressort.

Travail exécuté par des ouvriers syndiqués et fédérés.

Poligny. — Imp. Veuve Jacquin et Birou

www.ingramcontent.com/pod-product-compliance
Lightning Source LLC
LaVergne TN
LVHW012053030726

842523LV00002B/506